“十二五”国家重点图书出版规划项目
北京市社会科学理论著作出版基金重点资助项目

GZC高校主题出版
GAOXIAO ZHUTI CHUBAN

/ 总主编 韩 震 /

社会主义核心价值观·关键词

敬 业

刘 丹 编著

中国人民大学出版社
·北京·

导　言

经过改革开放30多年的快速发展，中国已经成为当今世界第一大贸易国、第二大经济体，拥有最多的外汇储备；作为联合国五大常任理事国之一，中国在国际事务中发挥着越来越重要的作用；作为千百年来绵延不断的文明古国，中国的文化又重新焕发出新的活力。

伴随着中国经济的发展和社会的进步，新的职业不断增加，社会结构越来越复杂多变，人们的利益越来越多元化；中国越来越开放，各种思潮都在相互激荡碰撞，人们的精神世界、价值观念越来越多样化。在这种情况下，我们越来越清醒而自觉地认识到：只有经济发展是不够的，必须伴之以主导价值观的崛起，这种价值观是一种具有强大凝聚力、感染力和战斗力的文化认同力量，从而与经济创造力相辅相成。这种居于主导地位的核心价值观要基于民族传统，反映时代要求，代表人类历史的前进方向。有了这种核心价值观，社会才有凝聚力，国家才有软实力。

然而，任何民族精神都有自己的历史起源和发展过程，它们都是在一定时间和空间内孕育形成，并且通过历史记忆加以传播的。历史经验告诉我们，共同的价值观念是集体生活的前提和条件。共同的价值规范可以帮助个体彼此相互交往、相互理解，形成共同目标，采取共同行动。没有共同的价值观，就没有社会共同体的维持与延续。

党的十八大报告指出：“倡导富强、民主、文明、和谐，倡导自由、平等、公正、法治，倡导爱国、敬业、诚信、友善，积极培育和践行社会主义核心价值观。”这反映了我们党对社会主义核心价值观问题的最新认识，体现了我们党高度的理论自觉和文化自觉。由这个表述，我们可以认为，我们党倡导的价值观是基于社会的最大公约数，而且提出来的时候也是分了层次的。“富强、民主、文明、和谐”属于国家层面的价值观，指向的是我们将要建设什么样的国家；“自由、平等、公正、法治”无疑属于社会层面的价值观，强调的是我们将要构建什么样的社会；“爱国、敬业、诚信、友善”则属于公民层面的价值观，其旨趣就在于塑造什么样的公民。

在社会主义价值观中，“敬业”处于第三个维度，即塑造什么样的公民之中。为什么在社会主义核心价值观的公民维度，我们要特别强调“敬业”呢？众所周知，在人类的社会生活中，除了公共生活、家庭生活外，职业生活构成了我们实践活动的主要形式。职业活动是人类生存、发展的现实基础和根本前提，社会的延续和进步必须依靠人类的职业活动提供物质条件和满足文化生活需要。人们要从事各种职业就必须遵守一定的职业道德。在个体职业活动中，敬业精神作为职业道德的理性浓缩，最能表现出职业道德的服务社会、造福社会、发展社会的功能。因此，敬业就是公民的重要价值准则，也是最基本的职业道德要求。

一个人无论从事哪个行业，担任什么职务，都应该在工作中做到爱岗敬业、恪尽职守、尽职尽责，都应该用辛勤的劳动和扎实的工作践行“敬业”这一朴素而又崇高的美德。在培育和践行社会主义核心价值观的今天，我们尤其需要在厘清敬业价值观的主要内涵、重要意义等基本问题的基础上，在全社会大力倡导敬业精神，引导每一个公民在平凡的工作岗位上创造出不平凡的业绩，真正做到用敬畏、敬重的态度对待自己的工作，认真负责、一心一意、精益求精，为实现全面建成小康社会的奋斗目标和中华民族伟大复兴的中国梦而不懈奋斗。

目　录

第一章

何谓敬业：公民的基本职业操守

敬，原是中国传统儒家哲学的一个基本范畴，孔子就主张人在一生中始终要勤奋刻苦，为事业恪尽职守、尽心尽力，应“执事敬”、“事思敬”、“修己以敬”。业，一般指的是职业。《现代汉语词典》对“敬业”的解释是：专心致力于学业或工作。

敬业精神作为一种朴素而崇高的美德，无论在西方还是东方，都有着悠久的历史传统。德国著名社会学家马克斯·韦伯在其最具影响的经典著作《新教伦理与资本主义精神》中，就阐释了以“天职观”为核心的新教伦理是资本主义得以在西方发生、发展的内在动因。新教视劳动为上帝赋予的神圣使命和光荣职责，它要求人们在工作中勤勉努力、恪尽职守，即“上帝允许的唯一生存方式，不是要人们以苦修的禁欲主义超越世俗道德，而是要人们完成个人在现世里所处地位赋予他的责任和义务，这就是他们的‘天职’”。天职观不但孕育了近代资本主义所要求的理性经济人，而且也为广大雇主提供了忠于信仰而为职业认认真真、兢兢业业、任劳任怨的产业大军。

“敬业”也是中华传统美德的重要元素。《礼记》中就有“敬业乐群”之说，孔子及其弟子都主张“敬事而信”，“其行己也恭，其事上也敬”、“敬其事而后其食”，强调人在其一生中始终要勤奋刻苦，为事业尽心尽力。宋朝朱熹认为“敬业”就是“专心致志以事其业”，即用一种恭敬严肃的态度对待自己的工作，认真负责，一心一意，任劳任怨，精益求精。近代学者梁启超在他撰写的题为《敬业与乐业》的文章里，提出一个值得思索的问题：“业有什么好敬的呢？为什么可敬呢？”梁启超是这样进行回答的：第一，人不仅为生活而劳动，也为劳动而生活。劳动，做事，就是生命的一部分。第二，无论何种事业，都是神圣的。由此可言，敬业即敬重本职工作，同时，人们可以通过专心和尽心于职业这种生活体验来实现自己的人生价值。

时至今日，敬业作为公民个人以明确的目标选择、朴素的价值观、忘我投入的志趣、认真负责的态度，体现了的公民的一种基本职业操守。换句话说，无论岗位与自身能力的匹配程度高或低，还是岗位对自身的未来职业发展有无帮助，作为个人都应该保持一个敬业的基本素质、基本态度、基本习惯、基本精神和基本信仰。敬业要求我们每一个公民在其位谋其职，心无旁骛，恪尽职守。事实证明，不管什么样的职业和岗位，只要我们用敬畏、敬重的态度去对待我们的工作，勤勤恳恳、爱岗敬业、追求卓越，我们就一定会创造属于自己的成就和未来。

一、敬业是公民的一种基本能力

敬业作为一种职业素养，除了作为公民个人的一种基本职业品质，更是一种从业能力，一种现代从业人所迫切需要具备的一种职业能力。

（一）敬业使人具备担责的能力

责任是指人们在一定职业活动中所承担的特定的职责，它包括人们应该做的工作以及应该承担的义务。责任无处不在，存在于每一个角色。一个人，只有尽到对父母的责任，才能是好子女；只有尽到对国家的责任，才能是好公民；只有尽到对下属的责任，才能是好领导；只有尽到对企业的责任，才能是好员工。只有每个人都认真地承担起自己应该承担的责任，社会才能和谐运转、持续发展。人在社会中生存，就必然要对自己、对家庭、对社会以及对国家承担并履行一定的责任。这些不同范畴的责任，有普遍性的要求，也有特殊性的要求。责任只有轻重之分，而无有无之别。换言之，所谓三分能力，七分责任。能力对工作来说是不可或缺的，因为没有工作能力的人是无法胜任任何一项工作的。然而，工作做得好坏，光有能力是远远不够的，它在很大程度上还取决于工作者对这项工作的责任心。正如俄国著名作家列夫·托尔斯泰所说："一个人若是没有热情，他将一事无成，而热情的基点正是责任心。"而敬业正是一个职业人能够对所从事的职业具备高度责任心的行为范畴，是一个人对自己的所作所为敢负责和愿负责的态度行为，它体现了责任心在一个人从业生涯中的真正职业价值内涵。敬业的过程就是一个职业人良好履行职业责任的过程，即在职业中敢于履责、敢于尽责、敢于担责。责任是永恒的职业精神，工作即意味着责任，工作也呼唤着责任。正如爱默生所说："责任具有至高无上的价值，它是一种伟大的品格，在所有价值中它处于最高的位置。"科尔顿也曾说："人生中只有一种追求，一种至高无上的追求——就是对责任的追求。"责任是一种使命，责任是一种能力，责任可以使能力发挥到极致。正是在此意义上，我们认为敬业可以使人们具备在从业中对自己行为高度负责任的能力。

名人隽语

责任心就是做任何事所需的一种平常而力求完美的心态。

——龚靖赟

人生须知负责任的苦处，才能知道尽责任的乐趣。

——梁启超

责任就是对自己要求去做的事情有一种爱。

——歌德

责任感与机遇成正比。

——威尔逊

生命和崇高的责任联系在一起。

——车尔尼雪夫斯基

（二）敬业使人具备乐业的能力

所谓乐业，就是热爱自己的职业，并且享受其中的快乐，从中能够找到乐趣。兴趣是最好的老师，“知之者不如好之者，好之者不如乐之者”，只有乐之，才会充分发挥自己的聪明才智去完成一件事情。一个人只有从自己职业中领略出趣味，生活才会有价值。正如梁启超在《敬业与乐业》中所论述的：“凡职业都是有趣味的，只要你肯继续做下去，趣味自然会发生。”原因就在于：其一，每一种职业，总会有许多的、层层叠叠、长长短短的曲折、困难，倘若能身入其中，看它变化、进展的状态，最为亲切有味；其二，每一职业之成就总离不开自己的执着奋斗，在刻苦奋斗中将快乐的分量加增，通过奋斗来储蓄人生快乐是一种妙不可言的情趣；其三，从事一种职业，会有许多同业、同行、同事，需要与他们并驾齐驱，从而形成一种团队的内部环境，这种团队内部既合作又竞争的相互作用力，会因为技艺优胜者而感到快乐；其四，在专心做一职业时，把许多游思、妄想杜绝了，省却了无限烦恼，“其为人也，发愤忘食，乐以忘忧，不知老之将至云尔”。因此，人生如果能从自己的职业中领略出趣味，生活才会有价值。这种生活，也才真正算得上是人类最理想的生活。而敬业就意味着专心致力于学业或工作，从而培养人们集中精力对所从事职业的兴趣，不断激发对职业的热情和激情，并从中获得乐趣。因此，敬业不仅是一种从业态度，它还可以培养人们的乐业能力，人们因为敬业而更加乐业。

（三）敬业使人具备精业的能力

所谓精业，就是要在自己所从事的工作岗位上精通业务，具备扎实的岗位基本功，做到干一行、爱一行、专一行、精一行。常言道，书痴者文必工，艺痴者技必良。一个人只有在职业信念上对职业具有敬重和热爱之心，在职业意识上确立职业和实现职业目标的愿望，在职业道德上具备规范自己行为的从业能力，那么他才会具备为把这份职业做到尽美尽善，而去精益求精、持恒稳定、笃行不倦的精神。敬业不易，精业更难。梅兰芳在舞台上顾盼生辉、流光溢彩，可是很少有人知道，为了让眼神活起来，眼睛近视的他每天早晨放飞鸽子，极目苍穹，苦练眼功。邓亚萍打球快速凶狠，可是很少有人知道，为了增强手腕的力量，身材娇小的她曾用铁拍子练球。成功没有捷径，辉煌的背后，是鲜为人知的努力和付出，这实为精业的完美诠释。敬业是精业的基础和关键，精业是敬业的归宿和升华。一个人的基本条件是有限的，只有真正爱岗敬业，才会主动、自觉地不断学习、与时俱进，刻苦钻研业务；业务能力提高了，本事见长了，在工作中得心应手、成绩卓著，才会更加热爱自己的那份事业。所以，因敬业而去树立一种不断勉励自己去追求更高、更完美的职业目标，这样敬业的人才能把事业做到更长久。因此，敬业不仅是一种从业境界，它还可以通过这种境界来培养职业人具备精业的能力。

延伸阅读

满身绝活的"金牌工人"许振超

够普通的岗位——吊车司机，够单调的工作——把货物从码头吊上车、船，或是从车、船吊到码头，近 40 个春秋就这样悄然而去。然而，人们说，30 多年来，从他坚守的这个普通的操作台上流泻出的，不是单调的音符，而是一曲曲华美的乐章。

他，就是青岛港的吊车司机，一个只有初中文凭的桥吊专家，一个一年内就两次刷新世界集装箱装卸纪录的人——许振超。1974 年，许振超初中毕业后到青岛港当了一名码头工人。在近 40 年的时间里，许振超干一行、爱一行、精一行，在工作中练就了"一钩准"、"一钩净"、"无声响操作"等绝活，并模范地带出了"王啸飞燕"、"显新穿针"、"刘洋神绳"等一大批具有社会影响的工作品牌。他带领团队按照"泊位、船时、单机"三大效率的标准要求，深入开展比安全质量、比效率、比管理、比作风的"四比"活动，先后 8 次刷新集装箱装卸世界纪录，"振超效率"名扬四海，“10小时保班”服务品牌享誉世界航运市场。近年来，他积极响应国家节能减排的号召，组织实施了轮胎吊“油改电”技术改造，填补了这一技术的国际空白，年节约资金3 000万元以上，噪声和尾气污染降低至近零。他是一位学习型、创新型、充分掌握现代技能的新时期优秀产业工人。他爱岗敬业，不仅自己大胆进行技术创新，练就了高强的本领，还带出了一支“技术精、作风硬、效率高”的优秀团队，创造出世界一流的工作效率，在平凡的岗位上作出了不平凡的贡献。他是中共十七大代表、第十一届全国人大代表，被授予全国优秀共产党员、全国劳动模范等荣誉称号，被评为全国道德模范。

（四）敬业使人具备竞争的能力

敬业是员工的立身之本，更是企事业单位的基本用人标准。一位著名的企业家曾说：“我的员工中最可悲也是最可怜的一种人，就是那些一心只想获得薪水，而在工作中的其他方面一无所知的人。”化职业感为事业感，这虽然只有一字之差，却会得到截然不同的结果。职业感要求我们恪守职业道德，尽心尽力地完成我们的工作。而事业感却不同，它体现了更多的自觉性，而且总与某种价值观联系在一起；它追求的是一种完美的境界，能体现自己生存的意义，能激发更多的创造性。一个人的工作态度折射着他的人生态度，而人生态度又决定着一个人一生的成就。实际上，在极其平凡的职业中，在极其低微的岗位上，往往也蕴藏着巨大的发展机会。“不敬业就失业”这句话对于职场中人来说是一个非常重要的警示！有句话说得好：“今天的成就是昨天的积累，明天的成功则有赖于今天的努力。”不管你正在从事什么样的工作，要想获得成功，就要把自己眼前的工作当回事。如果认为自己的工作无足轻重，并对它投以“冷淡”的目光，那么，即使你从事的是最体面的工作，你也不会取得任何真正的成就。一个人如果总是为自己到底能拿多少工资而大伤脑筋的话，那他怎么能意识到从工作中获得的技能和经验呢？他又怎么能看到工资背后可能获得的成长机会呢？他更不会意识到这些做法对自身的未来将会产生多么大的影响。只要你能调动起自己全部的热情，把工作做得比别人更出色、更高效、更精妙，你的敬业精神就必定会为你带来更多的声誉。当一个人被周围的人称为"敬业的人"时，也就等于大家都认为他是一个值得受敬重的人，同时，他也就拥有了一个人职业生涯中最大的财富——敬业的口碑。凭着这个好"口碑"，他将会拥有更加美好的职业前景。所以，敬业是一种竞争力，它能为你的工作业绩增加砝码，使你有更多的工作机会。

延伸阅读

职场小案例：敬业是一种竞争力

小沈在一家钢铁公司工作还不到两周，就发现公司存在一个大问题：一部分矿石没有得到充分的冶炼。长此以往，公司遭受到的损失岂不是很大？于是，小沈找到了冶炼部门的负责人，指出了这个问题。但负责人却说：如果是冶炼技术或者设备有问题，检修的工程师肯定会发现。现在还没有人报告这件事，那一定是没问题的。当时，一个工程师正在附近检查设备，听到了他们的对话，走过来肯定地说：我们的技术都是经过实践检验的，怎么会出现这样的问题呢？显然，他并没有把这个问题当一回事。小沈转身离开，工程师还摇着头对负责人说：现在的年轻人可真爱出风头，他懂多少?！听到了背后传来的风凉话，小沈还是没有放弃，而是找到了公司的总工程师，把一块存在问题的矿石交给了他：徐总，我认为这块矿石没有冶炼充分。总工程师认真检查了那块矿石说：的确是这样的，小伙子，你从哪里找来的这块矿石？小沈回答说：是我们公司的。

存在这么严重的问题，为什么没人向我汇报？总工程师有些恼怒。他立刻召集了全体工程师，到冶炼车间去检查，果然发现了很多冶炼不充分的矿石。经过一个小时的检测之后，终于发现了问题的根源。原来，是冶炼机器的一个零件发生了故障，造成了这个问题，而工程师们在检修的时候却根本没有在意那个小毛病。

董事长了解到了这件事之后，对小沈进行了奖励，并且破格提拔他为监督员。开会的时候，董事长感慨地说：我们公司并不缺工程师，缺的是敬业的工程师！

二、敬业是公民的一种基本态度

从社会主义核心价值观来看，敬业不仅是一种道德要求，更是一种人生态度。这就要求我们要把职业当作事业来对待，树立起主人翁的责任感和事业心，追求崇高的职业理想，培养认真踏实、恪尽职守、精益求精的工作态度，力求干一行、爱一行、专一行，努力成为本行业的业界精英和行家里手。

（一）敬业是对职业价值和意义的高度认同

人终其一生，必会经历少年、成年、老年几个阶段，其中成年阶段无疑是最重要的时期，因为这是人们从事职业活动的时期。生命的价值在于职业，职业生涯就是人生命价值的展现。多少名人之所以能够流芳百世，往往是由于他或她在职业生涯方面的成功为社会及后人留下了宝贵的物质财富和精神遗产。富兰克林曾说："我读书多，骑马少，做别人的事多，做自己的事少。最终的时刻终将来临，到时候我但愿能听到这样的话，'他活着对大家有益'，而不是

‘他死时很富有’。”“活着对大家有益”，这就是工作赋予我们的乐趣，它会使我们的人生价值得到最大限度的升华，让我们从中获取无穷的力量。由此可见，对敬业的人来说，岗位不只是一个平台，更是一种象征和使命。只有踏踏实实，充分利用自己所在岗位的资源，刻苦钻研、敬业工作，把自己的个人价值充分展示出来，才能获得事业和人生的成功。因此，我们应该将自己的职业活动与自己整个的人生价值联系起来，并自觉认同工作不仅仅是一种谋生手段，更是实现其人生价值和社会价值的基本途径。也就是说，一个人的人生价值是在为社会作出贡献和对自我价值的不断认定过程当中来实现的，而这个过程就是我们的职业生涯。

相关链接

职业价值观的分类

根据不同的划分标准，人们对职业价值观的种类划分也不同。我国学者阚雅玲将职业价值观分为如下12类：

（1）收入与财富。工作能够明显有效地改变自己的财务状况，将薪酬作为选择工作的重要依据。工作的目的或动力主要来源于对收入和财富的追求，并以此改善生活质量，显示自己的身份和地位。

（2）兴趣特长。以自己的兴趣和特长作为选择职业最重要的因素，能够扬长避短、趋利避害、择我所爱、爱我所选，可以从工作中得到乐趣，得到成就感。在很多时候，会拒绝做自己不喜欢、不擅长的工作。

（3）权力地位。有较高的权力欲望，希望能够影响或控制他人，使他人照着自己的意思去行动；认为有较高的权力地位会受到他人尊重，从中可以得到较强的成就感和满足感。

（4）自由独立。在工作中能有弹性，不想受太多的约束，可以充分掌握自己的时间和行动，自由度高，不想与太多人发生工作关系，既不想治人也不想治于人。

(5) 自我成长。工作能够给予受培训和锻炼的机会，使自己的经验与阅历能够在一定的时间内得以丰富和提高。

(6) 自我实现。工作能够提供平台和机会，使自己的专业和能力得以全面运用和施展，实现自身价值。

(7) 人际关系。将工作单位的人际关系看得非常重要，渴望能够在一个和谐、友好甚至被关爱的环境中工作。

(8) 身心健康。工作能够免于危险、过度劳累，免于焦虑、紧张和恐惧，使自己的身心健康不受影响。

(9) 环境舒适。工作环境舒适宜人。

(10) 工作稳定。工作相对稳定，不必担心经常出现裁员和辞退现象，免于经常奔波找工作。

(11) 社会需要。能够根据组织和社会的需要响应某一号召，为集体和社会作出贡献。

(12) 追求新意。希望工作的内容经常变换，使工作和生活显得丰富多彩，不单调枯燥。

(二) 敬业是干一行、爱一行的职业情感

敬业者对职业必有“敬而爱之”之情。“爱而不敬，非真爱也；敬而不爱，非真敬也。”事实证明，真正的敬业者必然有爱业情怀。对职业的热爱是敬业的深层动力，会燃起人们巨大的工作热情，激发人们奋进的强大动力。高尔基曾说过：“天才是由于对事业的热爱感而发展起来的，简直可以说，天才就其本质而论，只不过是对事业、对工作过程的热爱而已。”热爱本职的人会把工作当成一种快乐，会保持一股积极进取的干劲，想方设法把工作做到最好。可见，只有把自己的兴趣爱好与职业结合起来，才会长期保持对职业活动的兴趣与热爱，从而保持一种长久的积极主动的敬业精神。当然，在现实生活中，由于各方面的原因，很多人并不能找到与自己兴趣

相符或达到自己预期的工作，有些人会因看不起自己的工作而抱怨，会认为自己所从事的工作低人一等，没有一点价值，只是迫于生活的压力而不得不工作，被动、消极是他们工作态度的全部写照。对于这样的人，结论非常明确，即他们在任何岗位都不会有所作为。因为连普通工作都做不好的人，有什么资格谈谋求自我发展、实现自己的人生梦想？无数事实都证明，平凡的岗位一样造就成功。很多成功的人，并不在于他们的条件有多么优越，而在于他们懂得，只要以尽职尽责的态度做好每一件事，就能为自己创造成功的机会。平凡的岗位，一样可以演绎不同寻常的人生。所以，我们在任何时候都必须以敬业态度去改变现实，在实践中逐步培养自己的兴趣。我们不仅要爱一行、干一行，更为可贵的是干一行、爱一行。

延伸阅读

“干一行爱一行”的雷锋精神永不过时

雷锋，一个平凡的战士，在平凡的岗位上做出了不平凡的业绩，受到世人的高度敬仰。雷锋干一行爱一行。无论是当一名农业社的记工员，还是作为县乡政府的通信员；无论是当一名工厂的推土机手，还是成为一名解放军战士，不管在什么岗位，不管从事什么工作，他都以一颗对事业高度负责、对岗位无限热爱的赤子之心，爱岗敬业、勤奋工作，心无旁骛、埋头苦干，出色地完成每一项工作任务。

“我愿永远做一颗螺丝钉。螺丝钉要经常保养和清洗，才不会生锈。”“如果你是一滴水，你是否滋润了一寸土地？如果你是一线阳光，你是否照亮了一分黑暗？如果你是一颗粮食，你是否哺育了有用的生命？如果你是一颗最小的螺丝钉，你是否永远坚守在你生活的岗位上？”这些名言提到的螺丝钉，后被赞为螺丝钉精神，即像螺丝钉一样爱岗敬业。雷锋这些朴素的表达，深刻地诠释了职业道德的真义。

在现实生活中，我们每个人都应该立足本职、忠于职守。如果你是农民，种好地是本职工作；如果你是工人，务好工是本职工作；如果你是商人，合法经营、诚信发展是本职工作。岗位再平凡，只要努力做好，就能使岗位不平凡。近年来就涌现出了一大批这样的平凡英雄。从水电维修工徐虎，到公交车售票员李素丽，再到鞍钢工人郭明义……他们热爱自己的工作，全身心地投入，长年累月地甘于做一颗螺丝钉，做出了令人仰望的业绩。

（三）敬业是忠于职守的工作态度

敬业是一种忠于职守的工作态度。《礼记·杂记》提出君子有五耻之说，强调人生在世做事应该尽职尽责。“君子有五耻：居其位，无其言，君子耻之；有其言，无其行，君子耻之；既得之而又失之，君子耻之；地有余而民不足，君子耻之；众寡均而倍焉，君子耻之。”职业职责是人们在一定职业活动中所承担的特定的责任，它包含了人们应该做的工作以及应该承担的义务等。敬业的人会对自己从事的职业有着强烈的责任感，明确认识到自己承担的特定职责，忠实履行职责，勤勤恳恳工作，任劳任怨付出。这实为一种外在的强制和被动向内在的自觉和主动的转换。正如美国黑人领袖马丁·路德·金所说：“如果一个人是清洁工，那么他就应该像米开朗基罗绘画，像贝多芬谱曲，像莎士比亚写诗那样，以同样的心情打扫街道。他的工作如此出色，以至于天空和大地的居民都会对他注目赞美：‘瞧，这儿有一位伟大的清洁工，他的活儿干得真是无与伦比！’”工作岗位没有高低之分，没有贵贱之别。每一项工作都值得我们去做，值得我们用心去做。敬业原则把忠于职守作为主要内容，即要求人们忠实地履行自己的职业职责，有强烈的职业责任感，对工作极端地负责任，坚决谴责任何不负责任、偷懒耍滑、马虎草率、玩忽职守、敷衍塞责的态度和行为。

名人隽语

处其位而不履其事，则乱也。

——《礼记·表记》

鞠躬尽瘁，死而后已。

——《出师表》

士不可以不弘毅，任重而道远。仁以为己任，不亦重乎？死而后已，不亦远乎？

——《论语·泰伯》

经典论述

我深知，担任国家主席这一崇高职务，使命光荣，责任重大。我将忠实履行宪法赋予的职责，忠于祖国，忠于人民，恪尽职守，夙夜在公，为民服务，为国尽力，自觉接受人民监督，决不辜负各位代表和全国各族人民的信任和重托。

——习近平

三、敬业是公民的一种基本习惯

在知识经济或信息时代，知识更新越来越快，产品更新换代也越来越快，职业结构变化的速度也越来越快，今后人终其一生只从事单一职业的事情已经不可能了，不断变换职业将成为常态。无论从事何种职业，我们都应该竭尽全力，积极进取，尽自己最大的努力，追求不断的进步。让敬业成为一种习惯，我们能从工作中学到更多的知识，积累更丰富的经验，并从全身心投入工作的过程中找到快乐。

(一) 让敬业成为一种习惯，需要勤奋

工作对于大多数的人而言，都不是唾手可得的。在竞争压力如此之大的今天，能够拥有竞争优势的主要方法就是勤奋。正如亚历山大·汉密尔顿所说："有时候人们觉得我的成功是因为天赋，但据我所知，所谓的天赋不过就是努力工作而已。"雷诺兹也曾说，"有一个理念，会遭到虚度岁月的人、无知的人和游手好闲的人的强烈反对，""我却不厌其烦地重复它。那就是：你千万不要依靠自己的天赋。如果你有着很高的才华，勤奋会让它绽放无限光彩。如果说你智力平庸、能力一般，勤奋可以弥补全部的不足。如果目标明确，方法得当，勤奋会让你硕果累累。没有勤奋工作，你终将一无所获"。也许有人会对日复一日的工作逐渐感到厌倦、疲惫，甚至于找不到其中的任何价值，也感受不到其中任何的乐趣。但是我们应该看到，只要愿意更多地去思考，就能在简单重复的工作当中发现新问题，从而找到新方法。把眼光放得远一些，想想这些收获会给自己今后的人生带来什么样的机遇和帮助。因为，越是勤奋地工作，工作就会越给你提供机遇。机遇一到，之前所有的枯燥和乏味都将一去不复返，崭新的局面即将打开，更加刺激精彩的挑战在等着你。此外，在通往成功的道路上，惰性是我们最大的敌人。每个人都有惰性，要想克服它就要时刻以勤奋这种好的习惯代替不好的习惯。一是思想上克服惰性，以时不我待的紧迫感提醒自己；二是行动上要坚持，一旦事情在手，就要马上行动，绝不拖延。把工作当成自己的使命，高度负责，绝不允许惰性破坏了使命。这样坚持下去，一天两天、一年两年、十年二十年，习惯成自然，敬业的习惯就在我们不断地坚持与惰性斗争的过程中形成了。

名人隽语

骐骥一跃，不能十步；驽马十驾，功在不舍。锲而舍之，朽木不折；锲而不舍，金石可镂。

——荀况

业精于勤，荒于嬉。行成于思，毁于随。

—— 韩愈

我只有在工作得很久而还不停歇的时候，才觉得自己的精神轻快，也觉得自己找到了活着的理由。

——契诃夫

伟大的事业是根源于坚韧不断的工作，以全副的精神去从事，不避艰苦。

——罗素

（三）让敬业成为一种习惯，需要坚忍

每个人都想找到一份薪酬高、环境好又和自己的爱好及特长完全一致的工作，但面对严峻的就业形势，这种愿望并不是人人都能够实现的。很多人可能数十年如一日地重复着同一工作，还有很多人会在工作中面临各种各样的困难，因此，如何坚持做好哪怕是枯燥至极的工作，如何克服困难走向成功，需要让敬业成为一种习惯，而这需要坚忍不拔的毅力。我们无法选择自己的工作，但可以决定自己的工作态度。与其牢骚满腹，傻傻等待，不如脚踏实地，摆正自己的心态去看待周围的人和事，去积极地面对眼前的一切。博恩·崔西在其所著的《胜利》一书中，曾讲述了关于丘吉尔的一个故事。1941 年，英国正处于第二次世界大战中最阴暗的日子里。有人要求温斯顿·丘吉尔向德国求和，但是被他拒绝了。当时，丘吉尔正面临着德国在欧洲的压倒性的军事优势，而美国又明确表示不会再卷入欧洲地面战争。为什么丘吉尔会拒绝以寻求达成某种和平

协议来结束战争呢？丘吉尔是这样说的："肯定会出现某种状况把美国卷入战争，这样就可以使战争急转直下。"有人问他为什么那么自信地认为肯定会出现那样的状况，他回答说："因为我研究过历史，历史告诉我，如果你坚持的时间够长，就肯定会出现转机。"我们今天在工作中面对的枯燥乃至挫折和困难，都不足以和丘吉尔在二战中所面对的巨大挑战相提并论，但关键的相似点在于，你是否也相信，坚持下去就一定会发生转机呢？在职业的道路上坚持下去，坚守那一份职责，才能最终获得属于自己的成功，这也是敬业作为一种习惯对你的最高回报。

延伸阅读

胡佩兰——20 年来坚持每周出诊 6 天的百岁仁医

1944 年，胡佩兰毕业于河南大学医学部，70 岁时才从郑州铁路中心医院的妇产科主任位上退休。退休后，她一直坚持坐诊。

胡佩兰生活节俭，舍不得在自己身上多花一分钱。但她经常大方地给病人垫付医药费。她还拿出微薄的坐诊收入和退休金，捐建了 50 多个"希望书屋"。

胡佩兰患有严重的腰椎间盘突出，进出都要坐小推椅。2013 年 7 月，98 岁胡佩兰心脏病突发，经抢救后，第二天她依然准时到医院坐诊。

胡佩兰根据自己多年的临床经验，平时看病不太依靠高科技仪器。因为慕名找上门的病人多，胡佩兰每天都会坚持看完所有病人才下班，对患者也极有耐心，给病人开药，很少超过 100 元。如今，胡佩兰的记忆力明显下降，听力也不如以前，但病人的情况她却记得清清楚楚，耳朵里放着助听器，听不清的地方，便由旁边的学生解释。

胡佩兰对病人的态度有目共睹，她经常说："医患关系搞不好是因为交流不够，医生只要对病人认真负责了，病人也自然会对医生极力配合，不管面对哪一个病人，都要把患者当成自己的第一个病人来对待。”

直至今日，胡佩兰已经在一个工厂职工医院和现在的地方，连续坐诊 20 年，坚持每周出诊 6 天，风雨无阻。

（三）让敬业成为一种习惯，需要创新

创新是一个民族进步的灵魂，是一个国家兴旺发达的不竭动力，也是一个政党永葆生机的源泉，这是江泽民同志总结 20 世纪世界各国政党，特别是共产党兴衰成败的历史经验和教训得出的科学结论。近代以来人类文明进步所取得的丰硕成果，主要得益于科学发现、技术创新和工程技术的不断进步，得益于科学技术应用于生产实践中形成的先进生产力，得益于近代启蒙运动所带来的人们思想观念的巨大解放。可以这样说，人类社会从低级到高级、从简单到复杂、从原始到现代的进化历程，就是一个不断创新的过程。不同民族发展的速度有快有慢，发展的阶段有先有后，发展的水平有高有低，究其原因，民族创新能力的大小是一个主要因素。对企业来说也同样如此。在市场竞争激烈、产品生命周期短、技术突飞猛进的今天，不创新，就会灭亡。创新是企业生存的根本，是发展的动力，是成功的保障。在今天，创新能力已成了国家的核心竞争力，也是企业生存和发展的关键，是企业实现跨越式发展的第一步。所以，敬业仅靠勤奋和坚忍是不够的，我们更需要的是具有创新精神，用新的思路、新的方法、新的对策来解决问题，从而提高工作效率。具体来说，我们工作中所面临的问题不外乎三类：老问题、新问题和即将出现的问题（即前瞻性问题）。针对这三类问题，创新的工作方法在于：一是老问题要有新思路。时代的发展为我们的工作提供了强大动力，提供了广阔舞台，但同时也提出了新的更高的要求。敢于跳出习惯性逻辑推理，全面、客观、发展地思考和分析问题，在解

决问题的过程中逐步提高创新能力，才能进一步提高工作效率和质量。二是新问题要有新办法。在改革开放的新形势下，各个领域的新情况、新问题层出不穷，很容易导致我们在面对新问题时束手无策。对此，我们需要调整情绪，针对这些问题要用新的办法去解决，寻求工作的新突破。三是前瞻性问题要有新对策。我们需要在不断发展变化的环境中提高科学判断形势的能力、总揽全局的能力，要做到对可能遇到的问题拿出对策和预案，把握工作主动权，取得更大的进步。也只有这样，才能在长期不断创新的过程中，让敬业成为一种习惯，并在敬业的道路上走得更远、更光明。

经典论述

到 2020 年，我们要达到的目标是：基本建成适应社会主义市场经济体制、符合科技发展规律的中国特色国家创新体系，原始创新能力明显提高，集成创新、引进消化吸收再创新能力大幅增强，关键领域科学研究实现原创性重大突破，战略性高技术领域技术研发实现跨越式发展，若干领域创新成果进入世界前列；创新环境更加优化，创新效益大幅提高，创新人才竞相涌现，全民科学素质普遍提高，科技支撑引领经济社会发展能力大幅提升，进入创新型国家行列。

——胡锦涛

四、敬业是公民的一种基本精神

敬业是一种态度，更是一种精神。所谓敬业精神（professional dedication spirit），是人们基于对一件事情、一种职业的热爱而产生的一种全身心投入的精神，是社会对人们工作态度的一种道德要求。它的核心是奉献。具体地说，敬业精神就是在职业活动领域，摆脱单纯追求个人和小集团利益的狭隘眼界，把对社会和集体的奉献与付出看作无上光荣的乐于奉献精神；力求干一行爱一行专一行，努力成为本行业的行家里手的精益求精精神；树立主人翁的责任心和事业心，具有积极向上的艰苦奋斗精神。

(一) 敬业是一种乐于奉献的精神

奉献是一种真诚自愿的付出行为，是一种纯洁高尚的精神境界，是社会主义公民职业道德的最高境界。说到奉献，人们就会想到雷锋、任长霞等英雄模范，作为时代英雄，他们的奉献是最高层次的奉献，具有先驱性和号召性。但奉献不一定非要舍生忘死、大无畏的境界，我们的日常工作领域更需要的是一种平凡的奉献。平凡的奉献者往往是铺路者、奠基人，同样可贵、光荣。一份职业，一个工作岗位，是一个人赖以生存和发展的基础保障，也是人类社会存在和发展的需要。只要是在自己的工作岗位上认真负责，尽心尽力，遵守职业道德，这就是一种普遍的奉献精神。

名人隽语

有一分热，发一分光。

——鲁迅

君子贵人而贱己，先人而后己。

——《礼记·坊记》

应该让别人的生活因为有了你的生存而更加美好。

—— 茨巴尔

最好的满足就是给别人以满足。

—— 拉布吕耶尔

只有努力去减少别人的苦难，你才会快活。

—— 芒奇

幸福在于为别人而生活。

—— 列夫·托尔斯泰

敬业的奉献精神是社会使然。任何个人都无法独立于社会而存在。我们每个人无论岗位如何、能力大小，实质都在有意无意地自我奉献着，也在不知不觉中享受着他人奉献的成果，社会需要“人人为我，我为人人”。而要实现全面建成小康社会，实现国民经济和社会发展“十二五”规划目标等伟大事业更需要大量具有敬业奉献精神的人。因为只有具有敬业奉献精神的人，才会在自己的工作岗位上勤勤恳恳，一丝不苟，不断地钻研学习，精益求精，才有可能为社会为国家作出自己的奉献。例如，石油企业作为我国的工业龙头，环境恶劣，条件艰苦，从开发初期到现在涌现出了王进喜、王为民、王启民等铁人式的人物，正是许许多多像他们这样无私奉献的人，才实现了油田产业的快速发展，促进了社会的进步。

敬业的奉献精神是责任使然。一个社会的文明程度，取决于每一个公民责任意识的强弱。同样，在职业领域，我们倡导的奉献精神是以“责任”作为底线的，责任意识的强弱决定着工作质量的好坏。社会分工不同，我们不能评价一个工人和一个农民的奉献孰高孰低，只要在各自的岗位上尽职尽责、最大限度地发挥自己的聪明才智，就实现了自我价值和社会价值，就是作出了奉献。党员领导干部责任心强，弘扬正气，舍弃个人利益，顾全大局，才能更好地管理企业、单位，带领职工群众开拓进取；野外施工小队责任心强，严格标准化操作，遵守各项规章制度，才能顺利完成各类施工井的生产任务，促进公司经济效益的提升；后勤服务单位责任心强，急前线所急，想前线所想，提供优质满意的服务，才能确保生产的正常运行；外闯市场的队伍责任心强，积极适应激烈的市场竞争，才能以高时效、高质量、高信誉确保市场的开拓与稳定。如果缺乏高度负责的奉献精神，带来的后果会是管理混乱、频繁的安全事故、生产的脱节、市场的丢失，直至经济效益的大滑坡，甚至一系列的社会问题。

乐于奉献不是一句空话，也不是高不可攀的大话。奉献就是要从一点一滴的小事做起，从现在做起，从我做起，在各自的岗位上恪尽职守，兢兢业业。当工作上需要我们贡献力量时，我们要做的就是积极主动地去施展自己的能力与才华，而不斤斤计较个人得失。

延伸阅读

坚守岗位 20 年如一日的刘玉美

1990 年，26 岁的刘玉美走上了基层司法行政工作岗位，时任重庆市唐家沱街道办事处司法助理员。2001 年 10 月任唐家沱街道办事处综治办主任。2003 年 9 月任唐家沱司法所所长。2006 年 8 月任铁山坪司法所所长兼综治办主任。2009 年 4 月任江北区铁山坪司法所所长。2010 年 1 月 16 日因积劳成疾身患肝癌医治无效逝世，年仅 46 岁。

20 年来，刘玉美怀着对党和人民的无限忠诚，认真践行全心全意为人民服务的宗旨，在司法行政基层一线岗位上，勤勤恳恳、任劳任怨，奉献了自己的满腔真情和全部心血，在平凡的岗位上做出了不平凡的业绩。工作期间，她创造性地开展人民调解、社区矫正、安置帮教、法制宣传、法律服务等工作，凭借熟练的专业知识和良好的群众基础，化解平息了辖区内 10 多起群体性事件，成功调解了 1 506 件民间纠纷；以强烈的社会责任感倾力安置帮教辖区内的 58 名刑释解教人员，帮教率达到 100%，安置率达到 91%；积极教育转化社区服刑人员，实现了辖区内刑释解教人员和社区服刑人员无一重新违法犯罪；在普法宣传工作中，将传统方法和创新手段相结合，创建了“普法细胞”工程，实现了普法宣传的全覆盖。她在担任司法所所长兼综治办主任十年期间，无一例因工作过错引起的行政诉讼和赔偿案件，无违纪、违法案件及其他重大事故发生，无一例进京上访发生，筑牢了社会和谐稳定的第一道防线。在她的带领下，所在司法所被命名为“重庆市规范化司法所”。她具体负责探索建立的“六统七联八位一体”工作机制，获区委、区政府平安建设创新奖，受到中央综治委和市委市政府领导充分肯定。

刘玉美同志以自己20年如一日心系群众、服务群众的实际行动，赢得了群众的真心信赖和广泛赞誉。她出殡那天，铁山坪的社区百姓、低保户、刑释解教人员和社区服刑人员自发前往送别。清明节那天，群众齐聚铁山坪僧官寺，为她敲钟祈福，遥寄哀思。

刘玉美同志先后被追授为“重庆市优秀共产党员”、“重庆五一劳动奖章”和“江北区优秀共产党员”荣誉称号，“全国司法行政系统一级英雄模范”和“全国模范司法所长”荣誉称号。

（二）敬业是一种精益求精的精神

成功的人生源于对“精”的追求，大到一个国家、企业，小到个人，能否做到精益求精都是决定成败的关键因素。但现实中常有这样一些人，他们总是不肯把事情做到尽善尽美，只用“足够了”、“差不多了”来搪塞了事。尽管从表面上看来，他们也很努力，也付出了很多，但做事效率却不高。由于他们没有把根基打牢，没有注重细节，往往没过多久，他们的工作便会出现很多漏洞。相反，那些追求精益求精的人，在长期不懈的努力过程中，不但提高了自身的才能，充实了自己的生活，而且也开始逐步胜任其他更重要的工作。追求至善，精益求精，做什么事就要做到最好，正是今日许多中国人最缺乏的基本工作精神。只有具备精益求精的敬业精神，社会上的虚浮之风才会减少，企业才能稳步发展，国家发展才能得到有力保障！

经典论述

要把提高职业技能和培养职业精神高度融合，不仅要围绕技术进步、生产方式变革、社会公共服务要求和扶贫攻坚需要，培养大批怀有一技之长的劳动者，而且要让受教育者牢固树立敬业守信、精益求精等职业精神，让千千万万拥有较强动手和服务能力的人才进入劳动大军，使“中国制造”更多走向“优质制造”、“精品制造”，使中国服务塑造新优势、迈上新台阶。

——李克强

精益求精贵在注重细节。老子曾说：天下难事，必作于易；天下大事，必作于细。细节，如同沙粒、水滴，被有心者积攒、汇聚，便可成为大漠、江海。细微之处见精神，许多事情的成败往往决定于一件微小的事。比如，哥伦比亚号航天飞机因为发射前一个小数点的计算错误而机毁人亡。一代国学大师季羡林毕生致力于学术研究，为了了解更多不为人知的小细节，他出外探寻走进人迹罕至的小村落，最终为国人所敬仰。治学如此，做事亦是如此。一个著名企业家穷困时曾到垃圾堆捡垃圾，挑完之后，他总将垃圾装回原处，这一切被一位老板看在眼里，他说：“一个人能注重这一细节，为他人着想，在工作中一定可以顾及细节。”于是老板给了这位穷困的人一个机会，最终他取得了成功。所以，我们一定要深刻理解“简单不等于容易，简单的招式练到极致就是绝招”的内涵。换言之，细节之中蕴涵的，往往就是决定成败的玄机。因此，甘于平淡，认真做好每个细节，才能把简单的事做得不简单，把平凡的事干得不平凡。这就是细节的魅力，是水到渠成的惊喜。我们都应该在细节中求发展，在细节中求完美。

延伸阅读

同仁堂精益求精的敬业精神

在同仁堂药厂、药店的醒目位置，人们都可以看到这样一副对联：“炮制虽繁必不敢省人工，品味虽贵必不敢减物力。”这是创立大栅栏同仁堂药店的乐家第一代传人乐凤鸣为同仁堂留下的训词，同仁堂人已把这句训词铭记在心。

同仁堂的处方来源很广，有民间验方、家传秘方、宫廷太医良方，也有现代名医的新方。千方易得，一效难求。为求一个“效”字，同仁堂根据中医辨证论治的理论、处方的配伍原则，药料选用十分讲究。如白芍用杭白芍，郁金用黄郁金，肉桂用甲级企边桂，陈皮用新会的，蜂蜜用河北兴隆的，十六头人参不能用三十二头小参顶替，僵蚕不能用僵蛹代替。“产非其地，采非其时”的药材坚决不用。有些特殊的药料不能用收购的办法保证质量，同仁堂就想尽办法自己培育。如制作乌鸡白凤丸需用纯种乌鸡，公司在北京市北郊无污染的龙山专门饲养，对纯种乌鸡饲以营养丰富的饲料，饮以清澈洁净的泉水，发现羽毛骨肉稍有变种退化即予淘汰。中药里许多品种价格昂贵，天然牛黄等比黄金价格还高，但他们决不偷工减料。

中药的生产过程是极其复杂的，同仁堂生产的中成药，从购进原料到包装出厂总有上百道工序，每道工序都有严格的要求。药料投放误差每每要控制在微克以下，天然牛黄、珍珠等要研成最细的粉末并灭菌；一种中成药中的苏合香则要用多层纱布裹着卫生药棉滤净后投料。酒类则更复杂，要经过浸煮、过滤、圈缸等几十道工序，除尽苦味，溶解药质，使药料中的有效成分均匀地溶于酒中。膏剂、丸剂等也都有相应严格的操作规程。“修合（配制时）天人见，存心有天知”，同仁堂人常用这句话自励自勉，兢兢业业，不逊分毫。如果不是亲眼所见，简直难以相信，那小山似的各种药材，都要一根根、一颗颗地精心挑拣，一筛筛、一箩箩地筛净。

俗话说，丸散膏丹，神仙难辨。传统的制作工艺历来是靠老药工口传身授、代代相传的。同仁堂在严格按传统质量管理方式进行生产经营的同时，逐步完善并形成了一套适应现代发展要求的同仁堂质量管理制度，先后建立了三级质量管理网，建立了“质量否决权”制度。同仁堂总是以高于部颁工艺标准的要求制定自己的药品内在质量标准。如药品的含水量误差，部颁标准为正负百分之十五，而同仁堂的标准是正负百分之十四，严格的质量管理措施，使同仁堂产品市场抽检合格率年年都达到百分之百。同仁堂人可以自豪地说，别人可以盗去我们的配方，分析出同仁堂药品的成分，但学不去我们精湛的炮制工艺，照样制不出好药。

精益求精贵在追求完美。工作是我们人生过程中展现自我的平台，它可以让你的过程万分精彩，也可以让你的过程极度平淡。这一切都取决于你的工作态度。人对待工作的态度大致有三类：其一，得过且过型。在持这种态度的人眼里，工作只是一种养家糊口的方式，做多做少，做好做坏，对自己的意义不大，达到一般要求就行。其二，满腹牢骚型。持这种态度的人经常抱怨，把工作看作负担和惩罚。其三，积极进取追求完美型。持这种态度的人把工作看成是一种创造，把完成的劳动成果看作是自己的一种成就，他们积极面对工作，并享受工作给他们带来的快乐。精益求精、追求完美是一种优秀的工作态度！什么是优秀？优秀就是比别人多干一点，比别人多发现一点，比别人多钻研一点，比别人多有心一点，这些看着平常的一点点，就组成了优秀人才的必备素质。所以，只有努力工作，积极进取，追求完美，我们才会成为一个从平凡到优秀、从优秀到卓越的人。

名人隽语

无数的事实说明，只有把全副身心投入进去，专心致志，精益求精，不畏劳苦，百折不回，才有可能攀登科学高峰。

——邓小平

从小就培养孩子不管是对学习，还是对其他爱好，都要做到“精”，并且能认真地将事情做得尽善尽美。无论什么事情只要做得完美，那么这件事就做得很有价值了。

——卡尔·威特

取得成就时坚持不懈，要比遭到失败时顽强不屈更重要。

——拉罗什夫科

（三）敬业是一种艰苦奋斗的精神

从古至今，一个国家，一个民族，在强国富民的创业过程中，靠的就是艰苦奋斗，勤俭建国。艰苦奋斗是中华民族的传统。中华民族向来以特别能吃苦耐劳和勤俭持家、讲究节俭著称于世。艰苦奋斗是一种不怕艰难困苦，奋发图强，艰苦创业，为国家和人民的利益乐于奉献的英勇顽强的斗争精神。伟大的事业是根源于坚忍不拔地工作，以全副精神去从事，不避艰苦。艰苦奋斗精神集中表现为艰苦创业精神。艰苦创业精神并不是某个时代所特有的精神，而是与人类社会发展同在的。在革命战争年代，艰苦创业精神在中国共产党领导劝阻人民实现民族独立和人民解放的光辉历程中，得到了充分的体现。在中国特色社会主义现代化建设的新时期，艰苦创业精神在各行各业的劳动者身上，需要继续发扬光大。在现代化建设的新时期，艰苦奋斗并未过时。我们提倡艰苦奋斗并不是提倡过苦日子，当苦行僧，而是反对铺张浪费和贪图享受。这样做既是为了用有限的财力、物力去创造明天美好的生活，又是为了培养吃苦耐劳、不畏艰险、不断进取、奋发向上的敬业和创业精神。

经典论述

解放思想、实事求是，积极探索、勇于创新，艰苦奋斗、知难而进，学习外国、自强不息，谦虚谨慎、不骄不躁，同心同德、顾全大局，勤俭节约、清正廉洁，励精图治、无私奉献。要把这些精神，大力贯注到广大党员、干部和群众中去，使之蔚为风尚。

——江泽民

延伸阅读

“抓斗大王”包起帆

包起帆，男，汉族，浙江省镇海市人，中共党员。1951 年出生，现任上海国际港务（集团）股份有限公司副总裁。包起帆是一名从码头工人成长起来的教授级高级工程师，长期在港口生产一线从事物流工程的研发工作。

在 1981 年这一年里，他目睹了 3 名工人兄弟死于木材装卸，3 个人加起来的年龄还不到 80 岁。朴素的工人兄弟间的情感使包起帆强烈地感受到，要靠自己的科学文化知识把工人兄弟的生命从虎口中夺回来。其实那时候，包起帆对抓斗一窍不通，面对重重困难，他顾不得自己的家庭，顾不得刚出世不久的孩子，日夜待在码头上做实验，不上工的时候就去图书馆、情报所查阅资料。

在同志们的支持下，包起帆经过将近三年的艰难攻关，克服了无数的困难，终于在码头上形成了一套完整的木材抓斗装卸工艺系统。从此以后再也不需要一个工人下船舱用人力去捆扎木材了，因此再也没发生过一起重大伤亡事故，同时装卸效率也提高了 2.67 倍。木材抓斗的革新成功引起了港口同行的广泛关注。木材抓斗初战告捷后，他又把目光瞄准了“铁老虎”，那时用人力在船上搬生铁、卸废钢，工人常常累得爬不上船舱，由于作业时灰尘很大，人在舱口一露脸，只见两只眼珠是白的，周身一片乌黑。

为了从根本上改变这种状况，包起帆又发明了“单索生铁抓斗”、“异步启闭废钢块料抓斗”、“新型液压抓斗”等等。他的这些创新和发明都是紧紧围绕着码头装卸生产第一线的薄弱环节而搞的，哪里不安全，哪里效率低，哪里成本高，他和他的同事们就在哪里动脑筋、搞创新。这些成果创造性地解决了一批关键技术难题，从而改变了我国港口木材、生铁、废钢等货物装卸工艺的落后状况，其科技成果还实现了产业化，不仅在国内 20 多个行业 1 000 多个企业得到广泛推广应用，还批量出口达 20 多个国家和地区，累计为国家创造了 4 亿多元的经济效益。

敬业是一种精神，更是一种信仰。如果一个人以尊敬、虔诚的心对待职业，甚至对职业有一种敬畏的态度，他就已经具有敬业精神。但是，他的敬畏心态如果没有上升到敬业这个冥冥之中的神圣安排，没有上升到视自己职业为天职的高度，那么他的敬业精神就还不彻底，还没有掌握精髓。天职的观念会使自己的职业具有神圣感和使命感，也会使自己的生命信仰与自己的工作联系在了一起。只有将自己的职业视为自己的生命信仰，那才是真正掌握了敬业的本质。马克斯·韦伯在其最具影响的经典著作《新教伦理与资本主义精神》中，阐述了以“天职观”为核心的新教伦理是资本主义得以在西方发生、发展的内在动因。

名人隽语

有信仰未必能成大事，而没有信仰却将一事无成。

——小巴特勒

信仰是人类赖以生存的众多的力量之一，若是没有它，便意味着崩溃。

——威廉·詹姆斯

信仰不是一种学问。信仰是一种行为，它只被实践的时候才有意义。

——罗曼·罗兰

信仰坚定的人是一刻也不会迷失方向的，他的灵魂将冲破炼狱的烈焰，直奔天堂极乐世界。

——温塞特

敬业作为一种信仰，首先表现为一种职业理想。职业理想是人们在职业上依据社会要求和个人条件，借想象而确立的奋斗目标，即个人渴望达到的职业境界。它是人们实现个人生活理想、道德理想和社会理想的手段，并受社会理想的制约。职业理想是人们对职业活动和职业成就的超前反映，与人的价值观、职业期待、职业目标密切相关的，与世界观、人生观密切相关。理想是前进的方向，是心中的目标。人生发展的目标是通过职业理想来确立，并最终通过职业理想来实现。俄国的托尔斯泰曾说过："理想是指路的明灯，没有理想就没有坚定的方向，就没有生活。"职业理想在现实生活中具有参照系的作用，它指导并调整着我们的职业活动。当一个人在工作中偏离了理想目标时，职业理想就会发挥纠偏作用，尤其是在实践中遇到困难和阻力时，如果没有职业理想的支撑，人就会心灰意冷、丧失斗志。一个人只有树立正确的职业理想，无论是在顺境或者是在逆境，都会奋发进取，勇往直前。职业理想源于现实又高于现实，在实际生活中，现实往往与职业理想发生矛盾。很多人不能按照自己的理想标准选到合适的职业，但我们不能就此怨天尤人，无所作为。而应该端正自己的工作态度，怀揣实现美好未来的信仰，学会以坚忍不拔的毅力、顽强的拼搏精神和开拓创新的行动去为之努力奋斗。

相关链接

职业理想的实现条件

了解自己——你能做什么，人最难看清楚的是自己。

人们容易把自己放在很高的起点去思考自己的职业未来，这种失去“自我”的职业憧憬是“空中楼阁”，是“水中月亮”，永远是可望而不可即的。只有从自身出发，从自己所受教育、自己的能力倾向、自己的个性特征以及身体健康状况出发，才能够准确定位，瞄准适合自己的岗位去不懈努力。

了解职业——并非所有的职业都适合你，也并非你能胜任所有的职业岗位。

每种职业都有与之相适应的职业能力要求。除了具备观察、思维、表达、操作、公关等一般能力之外，一些特殊行业还有特殊要求。对于会计、出纳、统计、建筑师、工业药剂师等职业来说，从业人员必须具备很强的计算能力。与图纸、建筑、工程等打交道的工作，以及牙科医生、内外科医生等职业，对空间判断能力的要求较高。对于图形的阴暗、线的宽度和长度能做出视觉上的区别和比较的人，就能够从事美术装潢、电器修理、动植物检疫等工作。因此，有选择地、有针对性地培养自己的能力，主动去适应并接受职业岗位的挑战是十分重要的。

了解社会——职业的存在和发展与社会的需求是紧密联系的。

了解社会主要是要了解社会需求量、竞争系数和职业发展趋势。社会需求量是指一定时期职业需求的总量。这是一个动态的又相对稳定的数量。例如，有的职业有很高的社会名望，但需求量很少；有的职业不为多数人看好，但有发展前途，且需求量较大。竞争系数是指谋求同一种职业的劳动者人数的多少。在其他条件一定的情况下，竞争系数越大，职业概率越小。社会地位高、工作条件好、工资待遇优的职业，想要谋取的人数多，相应地竞争系数就大。职业发展趋势是指职业未来发展的态势。有些职业一时需求量大，竞争激烈，但随着社会的发展将日趋衰落；有些职业暂时处于冷落状况，但随着社会的发展会日益兴旺。因此，加强对社会职业需求的分析和预测，了解社会职业岗位需求情况是极其重要的。

职业观——有不同的职业观，就有不同的职业理想。

职业观是人们在选择职业与从事职业所持的基本观点和基本态度，是理想在职业问题上的反映，是人生观的重要组成部分。职业观具有三个基本要素：一是维持生活，二是发展个性，三是承担社会义务。在三个基本要素中哪一个要素占主导地位，将决定一个人职业观的类型与层次。正确的职业观是把三个基本要素统一起来，以承担社会义务作为主导方向。

敬业作为一种信仰，还表现为一种职业信念。人的生活分为情感、职场和自我等不同方面，这些方面都需要自己的不变的信念，从某种程度上可以说，“信念”是具体化的“信仰”，在我们的生活中拥有一个坚定的信念，是我们身心成熟的一个标志。职业信念是指人们坚信自己所从事的职业、所追求的目的是正确的，因而在任何情况下都毫不动摇地为之奋斗、执着追求的意向动机。通常说的“事业心”，就是“职业信念”。在心理学看来，“事业心”不是人与生俱来的，不是后天教育灌输的，而是通过能力学习和训练得到的一种本领。在职场里面风云变幻，机会很多，陷阱也无处不在，一个人只要拥有强有力的职业信念，就拥有了百折不挠的心理根基，就可以从容应对事业中的许多不测风云。

经典论述

广大青年一定要坚定理想信念。“功崇惟志，业广惟勤。”理想指引人生方向，信念决定事业成败。没有理想信念，就会导致精神上“缺钙”。中国梦是全国各族人民的共同理想，也是青年一代应该牢固树立的远大理想。中国特色社会主义是我们党带领人民历经千辛万苦找到的实现中国梦的正确道路，也是广大青年应该牢固确立的人生信念。

——习近平

推荐阅读材料

1. 毛泽东. 为人民服务. 见毛泽东选集. 2版. 第3卷. 北京：人民出版社，1991

2. 胡锦涛. 在2010年全国劳动模范和先进工作者表彰大会上的讲话. 北京：人民出版社，2010

3. 中共中央宣传部宣传教育局. 雷锋精神学习读本. 北京：人民出版社，学习出版社，2013

4. ［德］马克斯·韦伯. 新教伦理与资本主义精神. 北京：生活·读书·新知三联书店，1987

5. 韩震. 社会主义核心价值观五讲. 北京：人民出版社，2012

第二章

为何敬业：敬业的价值与意义

德国大文豪歌德曾经说过：凡是不为自己工作的人都是辛苦的。爱岗敬业、恪尽职守，既是为了他人，更是为了自己。敬业的人往往会对自己从事的职业具有献身精神，将自己的一生与其联系起来，在事业发展中实现人生价值；会拥有强烈的责任感，明确认识到自己承担的特定职责，忠实履行职责，勤勤恳恳工作，任劳任怨付出。有了这样的职业精神，公民个人往往不但能满足其生存发展之需，而且能实现自己的人生价值和理想抱负。

当然，敬业也是用人单位所急需的，它关系到用人单位的发展壮大。任何一个工作单位都是一个有机联系的整体，只有人人热爱本职工作、兢兢业业，各个工作部门协调运转，才能产生整体效用。相反，如果一个单位纪律松弛、人浮于事，员工对待工作都是一种消极、被动、应付的心态，那么我们可以想象，这样的单位是很难有发展前景的，在激烈的社会竞争中是迟早要被市场淘汰的。

此外，敬业还具有伟大而崇高的社会价值，敬业是促进社会和谐的道德基础。古希腊哲学家柏拉图认为：公正即和谐，正义是个人和国家的“善德”；城邦的正义体现为不同阶层的人各司其职、尽展其能所形成的秩序。在现实生活中，和谐社会的建构需要每个社会成员在各自岗位上勤勉工作：公务员廉洁奉公、法官秉公执法、军人保家卫国、商人诚信经营、教师教书育人、医生救死扶伤、科技人员发明创造……唯有社会成员各守其道，各司其职，各尽其责，才能形成正义的良善社会。

一、敬业精神能满足公民个人的各种需要

在人类社会中，人人都有需要，人的一切活动都是为了满足自己和他人、社会的某种需要。因此，敬业的基本层次就产生于满足

人的基本需要以及围绕基本需要而进行的活动。具体表现为：满足人的生存之需；满足人的发展之需；满足人的超越性需要。

相关链接

马斯洛的需要层次理论

美国心理学家亚伯拉罕·马斯洛于1943年在《人类激励理论》一文中提出了一种关于人的需要结构的理论，认为人的需要按重要性和层次性排成一定的次序，从基本的（如食物和住房）到复杂的（如自我实现）。当人的某一级的需要得到最低限度满足后，才会追求高一级的需要，如此逐级上升，成为推动继续努力的内在动力。马斯洛由低到高，将人的需要分成以下五个层次：

1. 生理需要。这是人类维持自身生存的最基本要求，包括呼吸、水、食物、睡眠、生理平衡、分泌、性。如果这些需要（除性以外）任何一项得不到满足，人类个人的生理机能就无法正常运转。生理需要是推动人们行动最首要的动力。

2. 安全需要。主要包括人身安全、健康保障、资源所有性、财产所有性、道德保障、工作职位保障、家庭安全。

3. 社交需要。主要包括友情、爱情、性亲密。人人都希望得到相互的关心和照顾。感情上的需要比生理上的需要来得细致，它和一个人的生理特性、经历、教育、宗教信仰都有关系。

4. 尊重需要。主要包括自我尊重、信心、成就、对他人尊重、被他人尊重。人人都希望自己有稳定的社会地位，要求个人的能力和成就得到社会的承认。尊重需要得到满足，能使人对自己充满信心，对社会满腔热情，体验到自己活着的用处和价值。

5. 自我实现需要。主要包括道德、创造力、自觉性、问题解决能力、公正度、接受现实能力。这是最高层次的需要，它是指实现个人理想、抱负，发挥个人的能力到最大程度，达到自我实现境界的人，接受自己也接受他人，解决问题能力增强，自觉性提高，善于独立处事，要求不受打扰地独处，完成与自己的能力相称的一切事情的需要。自我实现的需要是在努力实现自己的潜力，使自己越来越成为自己所期望的人物。

（一）敬业精神可满足人的生存之需

人生的伟大目标都是从养活自己开始，立足生存，追逐梦想，这就是从某种工作干起的基本意义所在。在今天的经济生活中，我们所从事的职业首先是一种谋生的手段，是许多人养家糊口的手段，这也是人最基本的生存的需求。大家努力工作，为了不在竞争中被淘汰，更多的是为了谋生而敬业。也许我们所做的工作并不是自己所喜欢的，但作为一个负责任的成年人，能够靠自己的辛勤劳动认真地活着，养活好自己，一定是最基本最重要的。这对刚刚走入社会初期的工作者来说尤其如此。实际上，一个人的人生目标不管有多远，兢兢业业地做好本职工作是实现人生大志的第一步和最基本的一条。如果没有一颗敬业的心对待自己的工作，或对自己的职业定位不准确，或好高骛远，总觉得自己目前的岗位是“高射炮打蚊子”，就会敷衍了事，漠不关心，得过且过。长此以往，我们的思想就很难融入工作，我们的行为就很难与工作协调一致，更谈不上我们的事业得到良好发展，最终得到的结果是被这个企业、这个社会惨痛地淘汰出局。正是在这个意义上我们说，工作是我们的安身立命之本，我们每个人都需要一份工作，需要借助这个平台实现自己的人生价值。通过工作，我们不仅能赚到养家糊口的薪水，还能得到锻炼自己各方面能力的机会。如果没有工作，我们将只能游离于社会之外，事业、前途也将无从谈起。

延伸阅读

从下岗女工到劳动模范的刘俊华

刘俊华曾经是一名下岗女工，但她却拥有“北京市优秀共产党员”、“北京市十大杰出青年”、“全国劳动模范”、“优秀共产党员十大英才”等荣誉称号，获得“全国五一劳动奖章”。

1999 年 8 月，刘俊华成为 718 路公共汽车的一名乘务员。她说：珍惜自己的工作，才能以满腔热情去投入；珍惜自己的工作，才能积极主动付出心血与努力；珍惜自己的工作，才能以精益求精的态度把工作做得尽善尽美。

38.04 公里，在外地这几乎是两个城市之间的距离，但这却是刘俊华工作的 718 路公共汽车的路线：东起康家沟，西至中国人民大学，北到颐和山庄，从京城东南部一直连到西北部。而她却利用休息时间徒步走完了这 38 公里内的每一车站，一步步数到商场、医院，计算出步行的时间和距离。只要发现有新的线路开通她就乘车走访调查一次。年年增加新内容，以便能够为乘客提供快速、详细、准确的出行服务。

刘俊华能用汉语、英语报站名，介绍沿途景点，同时带动同事学习英语，车队 431 名工作人员中，已有 312 人能够熟练运用“奥运常用英语 100 句”。经过她耐心传带出来的徒弟就有 100 多个，当中有很多人已经成为车队专业工作的骨干。

自参加工作以来，刘俊华所在车组 800 多次收到表扬信、表扬电话，她本人荣获各种奖励和荣誉称号达 25 次。正是由于企业的教育培养以及自己的不懈努力，使她从一名下岗职工成长为再就业明星、一名劳动模范。

（二）敬业精神可满足人的发展之需

人的需要不局限于物质需要，还有更为丰富的精神追求。工作虽然是一种谋生的手段，但是赚钱不是工作的主要目的。现实生活告诉我们，如果要满足自己的生存所需，我们需要工作；如果想要提高自己的竞争力，我们需要工作；如果想让自己的人生过得有意义，我们需要工作。所以，对于现代人来说，工作在维持生存的同时，更有意义的是促进自身发展，实现人生价值。但是对于不同工种的人来说，工作的意义是不一样的。我们到底从工作中得到了什么呢？是解决温饱，还是实现抱负，抑或是其他的感受？曾有一份调查显示：55.06％的受访者表示工作收入只能解决温饱问题，17.26％的受访者表示通过工作收入能帮助实现自己的理想，17.96％的受访者认为工作给自己带来了充实感，让人生变得有意义，仅有9.71％的受访者从工作中获得了成就感，实现了自我价值。奥斯特洛夫斯基这样说过："人生是美好的，就是在你停止生命时，也还能以你创造的一切为人民服务。"是的，领导者有领导者人生价值的创造；被领导者同样也有被领导者的人生价值的创造；环卫工人也有他人生价值的创造；而司机也是如此，他们同样具有人生价值的创造；就是网络管理人员也是具有他们人生价值的创造……所有这一切价值的创造，就应该是生命的意义，也是每个人的人生价值。人的历史要自己来写，个人的发展同样需要自己来实现，而努力工作就为此提供了一个绝佳的平台。

俗话说钱财乃身外之物，不能把赚钱当做工作的全部意义，更重要的是，工作能创造更多除了薪水之外的价值。我们离不开职场，我们的人生与职场紧密相连，我们的价值与职场密不可分。人生最大的失误是把工作当做赚钱的途径，不懂得工作的意义，不懂得把人生的意义赋予工作，不懂得将工作当做一种享受。每个人都希望自己的人生是有意义、有价值的，所以与其在计较和抱怨中消磨自己的意志，不如调整心态，让自己的工作变得更有意义。在人类历史的长河中，每个人的人生价值，并不意味着占有多少财富，而在于能否对社会的进步、人类的发展作出贡献。古今中外许多杰出的科学家和文化巨人，用他们自己艰苦的劳动给世界和人类创造了不朽的价值，从而也奠定了他们个人的价值，用他们一生在历史上写下了光辉的一页。还有更多的、不计其数的人，也各尽其能，争取多作贡献。歌德说的好："你若喜爱自己的价值，你就得给世界创造价值。"这包含了一个真理：人生的价值，体现在给人民创造的价值之中。只有我们真正认识到自己所从事的职业的意义和价值，这种内在的精神力量才能成为鼓舞我们认真工作、爱岗敬业的动力。一个有抱负的人应当抓住工作中的每一个机会，把工作中的每一项任务都当成提升自己的机遇，为以后的工作打下坚实的基础。如果你能够认清自己的使命，勇于负责，带着敬业的态度，承担起重任，那么无论你处于怎样平凡的岗位，都能在最短的时间内发现机遇，并获得成长和成功的机会。因此，一种健全的敬业精神，会极大地提升人的主体性，使人感受到自身生命的意义和价值，从而促进人的发展。

延伸阅读

人民的忠诚卫士方红霄

方红霄（1970— ），男，汉族，湖南省岳阳市人，中共党员，中国武警十大忠诚卫士之一。历任班长、排长、副中队长、中队长、大队长、副参谋长、副支队长、总队副处长、武警云南省总队昆明市支队副支队长，现任武警云南省总队曲靖市支队支队长（正团），上校警衔。

1990年，成为一名武警战士的方红霄来到昆明火车站"三品"（易燃、易爆和危险品）检查执勤第一线。凭借自己的勤思好学和潜心苦练，他很快练就"一看、二听、三摸、四闻"的绝招，使一个个违法犯罪嫌疑人被当场识破，一个个毒品犯罪分子被绳之以法。在担负昆明火车站"三品"检查勤务的7年间，方红霄带领官兵先后查获海洛因、鸦片等毒品45.3公斤，各种枪支41支、子弹 2 172 发，易燃易爆物品 1 505 件，抓获各类违法犯罪嫌疑人 1 919 人，在祖国西南交通枢纽要道筑起了一道抵御毒品和各种犯罪活动的铁壁铜墙。2005 年，方红霄被任命为武警云南总队训练处副处长。他坚持深入部队调研，探索特点规律，先后组织编写和制定了《训练工作手册》、《支队级反恐作战力量编成及任务分工》、《机动支队紧急出动组织指挥程序》等教材，有效促进了部队训练质量的提升。

2010 年 4 月，方红霄被任命为武警云南省总队曲靖市支队支队长。他时刻牢记党和人民的重托，带领官兵圆满完成一次次重大急难险重任务。2010 年 6 月 25 日，曲靖市马龙县遭遇百年一遇洪灾，持续 7 个多小时的强降雨造成该县县城被淹，4 个乡镇 11 个村委会 100 多个自然村 5 万多人受灾。方红霄带领 220 名官兵第一时间赶赴灾区，全力投入抗洪救灾战斗。经过 8 个昼夜的艰苦奋战，安全转移群众 200 余人、牲畜 800 多头，拆除危房 142 间、搬运受灾物资 316 件、运送粮食 38 吨、搭建帐篷 158 顶，圆满完成任务。2010 年 5 月 17 日，曲靖市麒麟区茨营乡叫龙山突发森林大火，火借着风势迅速蔓延，上万亩林产资源危在旦夕。方红霄带领 250 名官兵连续奋战 10 小时，将大火扑灭。任现职以来，方红霄先后带领部队圆满完成了灭火、抗旱、抗洪抢险、抗击雨雪冰冻灾害、维稳处理突发事件等临时勤务 30 多起，用实际行动在本职岗位上践行了武警官兵永远做党和人民忠诚卫士的铮铮誓言。

（三）敬业精神可满足人的超越性需要

随着现代文明的发展，人实现自我价值并超越自我价值的方式越来越集中地体现在社会职业活动上，敬业精神作为个体和社会、个体与类在意识领域的融合，会在很大程度上有助于人的自我价值的实现与超越。所以，一个优秀的职业人士应该把追求卓越当成一种生活标准，把工作变成自己所希望的理想状态。

在现实生活中，人与人之间的差异和距离一直就存在，而且永远也不会消失。对此，有的人抱怨不公平，有的人却泰然处之。显然后者是明智的，因为公平不会因我们的抱怨而到来，相反，正是由于差距的存在，才使我们看到了生命的希望，因为人生的意义便在于不断地超越，超越别人也超越自己。美国总统林肯的一生便向我们证明了：人不因出生的卑微而影响生命的伟大。但这一切还得感谢困难的逆境，是它教给了年轻的林肯如何战胜自己，勇敢地面对真实而冷酷的现实！对于大部分人来说，顺其自然的结局只能是平庸无奇的。如果运动员顺其自然，无法挑战自己的极限超越自我，那么他永远也不可能成为世界冠军。因为想摘取金牌的运动员必须超越已有纪录。著名思想家、演讲家爱默生也曾说过："不要总说别人对你的期望值比你对自己的期望值高。如果有人在你所做的工作中找到了失误，那么你就是不完美的，你也不需要去找一些理由。承认这并不是你最佳的表现，千万不要挺身而出去捍卫自己。当我们可以选择卓越时，为何要选择平庸呢?"超越自我不仅是一种重要的人生态度，也是一种积极的工作态度，是我们工作高绩效和生活高质量的重要保证。"追求卓越的工作表现"并不仅仅限于追求工作业绩，它还是一种生活标准，是一种心理状态和存在。在追求卓越的过程中，你可以将自己最擅长的才智发挥出来，应用到你孜孜以求的事业上，创造出高绩效的工作和高质量的生活。不要满足于尚可的工作表现，只有不断超越自我，追求卓越，你才能成为一个真正的优秀职业人士。不断增强自己的力量、不断提升自己，突破自我局限，你将会在工作中创造令人难以置信的奇迹。一个人只有不断突破自我的局限，不断为自己提出更高的要求，才能走出平庸的生活模式，激发出自己的工作潜能。

戴尔·卡耐基在《超越自我》一书中曾谈到跳蚤。跳蚤有着极强的弹跳能力，跳的高度可达自身的40倍左右，堪称动物王国里的“跳高冠军”。把一只跳蚤放进玻璃杯中，它会立即跳出来。如果在杯子上加一个玻璃盖，“嘣”的一声，跳蚤就会重重地撞在玻璃盖上。一次次被撞后，跳蚤开始根据盖子的高度来调整自己所跳的高度。再过一会儿，跳蚤再也不会撞到盖子，而是在盖子下自由地跳动。一个小时后，盖子拿掉，跳蚤还是在调整后的高度内继续地跳；再过几个小时，跳蚤还是如此。一天以后发现，这只可怜的跳蚤还在这个玻璃杯里不停地跳着——它已经无法跳出这个玻璃杯了。难道跳蚤真的不能跳出这个杯子吗？绝对不是。问题在于只是经过几次碰撞，它的心里面，已经默认了这个杯子的高度是自己无法逾越的。有限的追求造成有限的人生，每个人的心里面总有个“盖子”，如果我们不将它打开，就会像故事中的跳蚤一样，永远无法达到自己的真实高度。

延伸阅读

一生爱追梦的“米菩萨”袁隆平

袁隆平的名字在中国家喻户晓。先后获得“国家特等发明奖”、“首届国家最高科学技术奖”等多项中国奖项和联合国“科学奖”、“沃尔夫奖”、“世界粮食奖”等11项国际大奖；1995年当选为中国工程院院士，2006年当选美国科学院外籍院士；2010年4月，荣登“2010中国心灵富豪榜首富榜”；2010年获得澳门科技大学荣誉博士学位；2011年获得马哈蒂尔科学奖；2012年被评为20世纪影响中国的25位企业家之一。

袁隆平的成就不仅仅在于从国家和国际的最高奖台上领回了一大堆金灿灿的奖牌，并在农业科技史上塑造了万众景仰的里程碑，更在于他的努力为中国庞大人口的口粮丰足上了保险，为全人类远离饥饿铺就了希望之路。一日三餐，米香弥漫，饱食者当常忆袁公。

杂交稻是世界级科技难题。发达国家较早涉足并投入巨大。20 世纪 60 年代以来，袁隆平的科研成果使中国在矮秆水稻、杂交水稻育种和超级杂交水稻育种上三次领先世界水平。前两个阶段的研究成果在中国推广后，中国的水稻单产从 400 公斤左右提高到 600 公斤左右，近 20 年内为全国增产粮食 3 000 多亿公斤。70 年代初，袁隆平发表了水稻有杂交优势的观点，打破了世界性的自花授粉作物育种的禁区。

在杂交稻领域能在中国首先取得突破得益于袁隆平的创新思维和一往无前的执着探索。起步于“让所有人远离饥饿”的重大使命，袁隆平在失败—探索—再失败—再探索的反复试验中，实现了对既往理论的重大校正，突破了被认为毫无可能的多种关键技术，艰难而执着地一步步走向成功。

二、敬业精神关系着用人单位的生存和发展

快速变化的世界令人目不暇接，在世界各地不断出现新的市场，不断涌现新的劳动力，新的工作方法也在不断地向我们的思维方式发起挑战。人们蜂拥到有人才的地方，到有资源的地方，到有市场的地方，把全球的人及生产过程联合起来，并破除传统障碍。因此，对用人单位而言，发现及管理人才的任务与以前相比越来越复杂、纷乱和矛盾重重。面对激烈的市场竞争，用人单位更迫切需要从成本不断增长的劳动力中获取最高效益。

许多管理者都曾尝试制定一定的员工管理战略以增加用人单位的效益。一般人通常信奉一个简单的计算公式，即越少的雇员＝越少的费用，而忽视生产率的高低其实取决于每个员工的敬业度。但事实上，提高员工对用人单位的贡献远比单纯寻找降低人力资源成

本在帮助用人单位赢得更高效益方面，更为有效。杰克·韦尔奇认为：敬业是我们在这个世界上所能学到的唯一本领。如若对工作的疏忽懈怠而成为职场的“橡皮人”——无效率、无反应，力度小了不在乎，力度大了则会反弹一些不满——员工就会失去有助于其成长并不断找到人生价值的平台。若用人单位中存在大量的“橡皮人”，对企业而言无疑是阻碍用人单位发展的隐患。此时，拉开门，请他们离开就是最为恰当的做法。

延伸阅读

敬业度的价值

员工的敬业度，即员工在组织中对某项工作或某个人的承诺和责任心。培养员工的敬业度，须在给员工创造良好的环境，发挥他的优势的基础上，使每个员工产生一种归属感，产生“主人翁责任感”。大量证据表明，培养并保持较高的员工敬业度是用人单位为数不多的、可由自身控制的、拓宽发展前景的决定因素之一。员工的高敬业度所带来的优势是其他任何因素所不能替代的，因为员工是否具有责任感会对企业的经营状况产生直接影响。员工敬业度究竟有多大的影响力？

根据企业领导力委员会（CLC）对全球超过 59 家企业的 5 万多名员工的调查，员工敬业度的提高能够使自主努力的程度（即员工自愿付出超越本身职责的努力）上升 57%。而这一自主努力程度的提高，平均而言，能够使个人绩效提升 20%，跳槽倾向下降 87%。盖洛普的数据显示，若是员工的将敬业度由高到低排列，并四等分成拥有相同数量员工的团队，敬业度最高的团队的成功率是最低的那组的 3 倍，平均生产率要高 18%，盈利能力高出 12%。敬业度低的员工与敬业度高的员工相比，发生工作事故的概率要高很多。在盖洛普的研究中，工作敬业度与处于后 25%的企业相比，位于前 25%的企业发生工作事故的概率低了 62%。

与那些员工敬业度很高的公司相比，因为管理不善造成的员工敬业度不高，最终会导致人力资源流失，因此所遭受的损失占到商业公司营业额的31%。与那些人员流动大的企业相比，员工流动率较低的公司领导们会感到庆幸，然而，在人员流动速度慢的企业中，敬业度的高低对员工是否选择辞职的影响反而会更大。在一些较为稳定的公司中，员工工作态度消极的公司比那些员工敬业度高的公司的人员流动率要高出51%。除此之外，与员工流动率高的企业相比，员工流动率低的企业每流失一个员工所造成的损失会更大。企业老板只需要花费一名刚入职的员工或一线员工年薪的20%～80%就可以替换它们，但如果要替换掉一个工程师等其他专业人士则需要耗费他们年薪的75%～400%的资金。每年由于敬业度低而导致的员工流失成为企业经营中最大的损失源。

最能明显体现企业的经营方式与员工敬业度之间的关系是企业的客户服务部门。顾客消费经历的好坏与直接提供服务的人有很大的关系，一位热心的员工，不但能让顾客满意，更能为他的公司赢得荣誉，成为企业的活广告。消费者对于员工敬业度高的公司的满意度评价比敬业度低的公司高出12%。

员工敬业度高的企业平均每股收益比同行企业其他的公司要高出18%，随着时间的推移，这些企业的发展速度也比其他同行要快得多。在这些工作环境优越的公司里，管理者用数以百万计的小举措，提高了生产率以及员工的创新能力，将公司打造成利润丰厚、效益良好的企业。反之，那些缺乏员工敬业度的企业，管理者对员工团队精神长期忽视，造成了很大的经济损失。

（一）敬业精神有利于形成统一的价值取向

用人单位共同的价值观念规定了用人单位的价值取向，使员工对事物的评判达成共识，有着共同的价值目标，用人单位的领导和员工为着他们所认定的价值目标去行动。美国学者托马斯·彼得斯和小罗伯特·沃特曼在《寻求优势》一书中指出："我们研究的所有优秀公司都很清楚它们的主张是什么，并认真建立和形成了公司的价值准则。事实上，一个公司缺乏明确的价值准则或价值观念不正确，我们则怀疑它是否有可能获得经营上的成功。"用人单位的目标代表着其发展的方向，没有正确的目标就等于迷失了方向。共同的价值观念形成了共同的目标和理想，员工把用人单位看成是一个命运共同体，把本职工作看成是实现共同目标的重要组成部分，从而形成统一的整体。这一统一的价值取向主要取决于员工的敬业精神和态度。只有具备敬业素养的员工，才有可能专注于本职工作，才有可能投入"干一行、爱一行"的职业情感，才有可能不断进取，力争自我价值的实现与超越，而这正是用人单位所要形成的统一的价值取向的核心组成部分。

延伸阅读

上海石化的"三守三人"文化实践活动

2005 年起，为践行和弘扬企业核心价值观，上海石化持续开展了一系列员工喜闻乐见的文化实践活动，加深了员工对企业价值理念的认识和理解，确立并巩固了员工的职业理念和价值追求，企业核心价值观成为员工共同的思想基础和行为准则。

上海石化围绕"敬业守职做明白人、遵章守纪做老实人、明礼守信做文明人"的企业核心价值观开展的"三守三人"文化实践活动，主要通过岗位创建和"年度人物"与"企业文化故事"评选两个层面开展，每年都吸引万余名员工的热情参加，文化实践过程成为宣传和传播企业核心价值观的过程。不仅发掘并宣传了一大批人格化、平民化的典型人物，也在培育文化认同，建设企业共同精神家园等方面起到了示范性作用。

"年度人物"和"文化故事"的生动案例，集中体现了"忠于企业、恪尽职守"的守职意识，"服从命令、听从指挥"的守纪意识，"信守承诺、坦诚互信"的守信意识。员工用实际行动践行企业价值理念，做"明白人、老实人、文明人"，他们的事迹感动并温暖着每一个员工。自企业媒体推出"三守三人"人物榜和"文化故事"榜以来，212名默默无闻却在各自的岗位上辛勤耕耘、无私奉献的普通员工登上了"三守三人"人物榜。97则企业文化故事荣登"文化故事"榜。其中，30名员工成为"年度人物"，20则故事成为"年度企业文化故事"。"一夜之间"他们成了家喻户晓的"明星"，成了员工心目中的"平民英雄"。简单而又平凡的故事，让很多员工倍感温暖，它让不少员工看到了自己的职业价值，看到了责任意识所带来的赞许与尊重。

"三守三人"文化实践活动所产生的"年度人物"代表着上海石化的企业形象，他们是企业价值观人格化的典型。虽然能够登上人物榜的人数有限，但参与此项文化实践活动的员工几乎遍及全员，在上海石化还有许多没有上榜，却同样默默承担责任、履行职责的普通员工，他们身上同样体现了"守职、守纪、守信"核心价值观。

（二）敬业精神有利于建立良好的组织文化

组织文化也称为企业文化。所谓企业文化，是企业为解决生存和发展的问题而树立形成的，被组织成员认为有效而共享，并共同遵循的基本信念和认知。组织文化集中体现了一个用人单位经营管理的核心主张，以及由此产生的组织行为。组织文化对于用人单位的价值创造影响重大。一旦一个用人单位长时间形成一种好的组织文化，它不仅让用人单位更有利于创造社会价值，而且它还可以直接作用于社会，影响社会的文化主流。这对企业来说尤其如此。20世纪80

年代，美国学者提出了企业文化理论，强调“企业即人”，认为企业中人、财、物的管理应是一个有机系统，其中人处于管理的中心和主导地位。企业文化更强调企业精神、全体员工共同的价值取向及在此基础上形成的凝聚力、向心力。因此企业的价值取向作用于社会文化主流的结果为共同的进步。企业文化价值对于社会主流文化的影响越来越重大，它直接涉及人们的社会道德、生活方式、个人的生活价值。海尔倡导“敬业报国，追求卓越”的企业精神和“迅速反应，马上行动”的工作作风，坚持“用户永远是对的”服务理念，并把“创中国的世界名牌”作为海尔发展目标，矢志不渝，使海尔逐渐形成了个性鲜明的企业文化，这种企业文化是企业前进的“牵引力”，而这种“牵引力”间接为社会创造了美好的社会价值。然而，这种企业文化的实现还在于海尔每一个员工对这一理念精神的践行，这一践行的驱动力则来源于员工对企业的敬业精神。也正是在这个意义上我们说，敬业有利于建立积极向上的组织文化。

相关链接

企业文化的类型

按照企业任务和经营方式可分为：

1. 硬汉型文化。这种文化鼓励内部竞争和创新，鼓励冒险。竞争性较强、产品更新快的企业文化特点。

2. 努力工作、尽情享受型文化。这种文化把工作与娱乐并重，鼓励职工完成风险较小的工作。竞争性不强、产品比较稳定的企业文化特点。

3. 赌注型文化。它具有在周密分析基础上孤注一掷的特点。一般投资大、见效慢的企业文化特点。

4. 过程型文化。这种文化着眼于如何做，基本没有工作的反馈，职工难以衡量他们所做的工作。机关性较强、按部就班就可以完成任务的企业文化特点。

按照企业的状态和作风可分为：

1. 活力型。特点是：重组织、追求革新，有明确的目标，面向外部，上下左右沟通良好，责任心强。

2. 停滞型。特点是：急功近利，无远大目标，带有利己倾向，自我保全、面向内部，行动迟缓，不负责任。

3. 官僚型。特点是：例行公事，官样文章。

按照企业的性质和规模可分为：

1. 温室型。这是传统国有企业所特有的。对外部环境不感兴趣，缺乏冒险精神，缺乏激励和约束。

2. 拾穗者型。中小型企业特有。战略随环境变动而转移，其组织结构缺乏秩序，职能比较分散。价值体系的基础是尊重领导人。

3. 菜园型。力图维护在传统市场的统治地位，家长式经营，工作人员的激励处于较低水平。

4. 大型种植物型。大企业特有。其特点是，不断适应环境变化，工作人员的主动性、积极性受到激励。

良好的组织文化有利于增强员工的凝聚力。良好的组织文化以人为本，尊重人的感情，从而在用人单位中造成了一种团结友爱、相互信任的和睦气氛，强化了团体意识，使员工之间形成强大的凝聚力和向心力。在以人为本的组织文化氛围中，领导与员工、员工与员工之间互相关心、互相支持，这会使员工感到受人尊重，自然会振奋精神，努力工作。另外，用人单位的内在精神和外在形象对单位员工有着极大的鼓舞作用，特别是组织文化建设取得成功，在社会上产生影响时，单位员工会产生强烈的荣誉感和自豪感，他们会加倍努力，用自己的实际行动去维护企业的荣誉和形象。

良好的组织文化具有较强的激励作用。组织文化的激励作用是指组织文化本身所具有的通过各组成要素来激发员工动机与潜在能力的作用，它属于精神激励的范畴。具体来说，良好的组织文化能够满足员工的精神需要，调动员工的精神力量，使他们产生归属感、自尊感和成就感，从而充分发挥他们的巨大潜力。良好的组织文化能够对员工产生激励作用的原因是多方面的，主要有两大因素即良好的组织环境和有效的精神激励。首先，良好的组织文化能够为员工提供一个良好的组织环境。传统激励理论认为，在诸多的激励因素中，组织环境的好坏与激励的强弱密切相关。如果一个组织拥有良好的企业文化，那么它内部的小环境就比较和谐，员工的人际关系就比较好。员工身处其中受到感染，具有执着的事业追求和高尚的道德情操，能把对用人单位的发展与自己的成就密切连在一起，从而能够以良好的心态进行工作。同时，在良好的企业文化氛围内，员工的贡献能够得到及时的肯定、赞赏和奖励，从而使员工产生极大的满足感、荣誉感和责任心，以极大的热情投入工作中，激励效果显著。其次，良好的组织文化能够满足员工的精神需求，起到精神激励的作用。美国心理学家赫茨伯格认为，改善外部条件的激励方法（如工作条件、金钱地位、安全等），虽可以提高员工的工作满意度，但未必能导致人的积极行为。只有从人的内部进行激励才能真正调动人的积极性，恰当的精神激励比许多物质激励更有效、更持久。对员工来说，良好的企业文化实质上是一种内在激励，它能够发挥其他激励手段所起不到的激励作用。

延伸阅读

中粮集团的“忠良文化”

中粮集团从2004年开始有计划、有步骤、系统地开展企业文化建设工作。首先明确了企业文化建设目标，确定了企业文化建设的方向，在此基础上，提炼总结出企业文化的核心和内涵，并借助有效的传播载体让员工体验、感悟中粮文化，实现文化的植入，使员工自觉地将这种文化融入自身的思想、行为中，从而达到文化对人引导的目的，而中粮员工自身行为表现反过来又强化了中粮的文化，实现了中粮企业文化的升华固化。

"忠良文化"要求中粮的经理人和员工做到又"忠"又"良"，即"高境界做人，专业化做事"。其主要内容分为两大方面：

第一方面是"忠良文化"之"忠"，指的是职业道德和精神修养。主要内涵包括：(1)"放牛娃文化"，即作为国有企业的经理人和员工，我们如何正确地自我定位。不把"经理人"与"股东"、"管理者"与"所有者"、"放牛娃"与"老板"的身份相混淆，摆正心态和位置，忠于职守，忠于股东对"经理人"的信任。(2)"阳光文化"，即我们如何为人处世。倡导简单透明、坦率真诚、自然本色、处以公心、与人为善、快乐做人的生活方式。(3)"团队文化"，即我们如何一起共事。倡导在共同的价值观和大目标下，人人平等、相互协同、相互分享、相互欣赏和相互包容。与此密切相关的是重组、并购过程中的"大中粮，无边界文化"，打破不同层级、资历、分工、区域之间的无形"边界"，"同一个中粮，同一个梦想"。(4)"两高文化"，是对经理人的品德要求。即树立"高境界"(把精神和理想看得更重，把组织的目标和大局放在更重要的位置)，不碰"高压线"(将廉洁自律的一系列要求提炼为易懂易记的"中粮经理人十四条"，是经理人不能触碰的"高压线")。

第二方面是"忠良文化"之"良"，指的是专业能力，如何把股东托付的财产管好、经营好，为股东创造更大的财富。主要内涵包括：(1)"业绩文化"，即如何评判专业能力。专业与否，必须接受市场、客户的检验，以及股东、社会、同行(竞争对手)和同事等多维度的评估，最终体现为客户、股东和社会创造更大的价值。(2)"学习文化"，即如何提升专业能力。除了培训、进修等常规手段外，更强调"干中学"，养成良好的自我反思习惯，在实践中不断总结，提高专业能力，争做行业专家。

“忠良文化”的首要特征是“职业化”，即建立在市场化基础之上的“职业经理人”精神，摒弃计划经济体制下的“官本位”意识。近几年，中粮集团一直致力于将国有企业的“领导干部”转化为更为市场化的“职业经理人”，打造国企的“忠”、“良”兼备的“职业经理人”队伍。为此，集团特意将“干部”的习惯称谓改变为“经理人”，并提出了“党员经理人”的响亮口号。

“忠良文化”的另一个鲜明特征是“人性化”。在中粮的管理哲学里，“人”被放在了最重要的位置，强调战略的起点是“客户”而非“财物”，管理的起点是“员工”而非“制度”、“流程”，投资的起点是“股东”而非“项目”。与此相适应，“忠良文化”从内涵到传播的具体手段，都体现出了强烈的人性关怀。

（三）敬业精神有利于用人单位的发展壮大

任何一个工作单位都是一个有机联系的整体，只有人人热爱本职工作，兢兢业业，各个工作部门协调运转，才能产生整体效用。单位组织发展的动力源泉是技术和人才，而员工的敬业心是企业发展最根本的因素。当员工怀着感恩的心，全身心投入工作时，在平凡单调的工作岗位上虽创造不出让人惊艳的业绩，但可以感染周围的同事，带动别人和他一样爱岗敬业，这是一种可以在逆境中扭转乾坤的能量。敬业是一种精神力量，一种行为准则和行为方式，是单位组织兴衰发展的保障。它体现出了人们对自己所选择职业的高度认同和热爱，它是全心全意、尽职尽责、坚定信念和探索及奉献精神的代名词。优秀的组织，必定有一大批具有高度敬业精神的员工来支撑。由敬业而专业，形成不断学习、不断成长、精益求精的工作习惯。这是当代组织健康、可持续发展的需要，也是创建学习型团队、构建和谐企业的必然要求。

与此同时，能够在平凡岗位上兢兢业业地工作、关键时刻可以与单位组织共同进退的员工，才是组织成熟的标志，也只有这样成熟的单位组织才可以拥有这样成熟的员工。只有员工怀着敬业的心在岗位工作时，员工与组织单位才是真正意义上的整体。只有当组织单位不机械化地培养员工精神风貌时，单位组织与员工才能构建真正意义上的和谐组织。

在当今职场，有些人认为自己单纯是在为用人单位工作，并没有把单位组织的发展和个人的发展联系起来。实际上，单位组织的发展壮大和每个员工的前途是息息相关的。单位组织发展壮大了，员工的发展空间、薪资待遇自然会跟着上去。因此，敬业好比一项市场投资，受益者往往是交易双方。单位组织与员工息息相关，单位组织靠员工发展，员工靠单位组织生存，单位组织就是员工的家。员工应热爱自己的单位组织，为单位组织无私奉献。爱是奉献的根，奉献是服务的源。同时，员工对单位组织的奉献也必将获得单位组织的认可和相应的回报。

名人隽语

让员工们意识到他们有潜力不断进步比制定目标更为重要，使公司以最快的速度发展就是我们的目标，我希望员工能够发挥主动性，群策群力，促进公司发展。

——通用电气公司前 CEO　杰克·韦尔奇

人才是最难得的资源。因此，一旦发现人才，不光要留住他，更重要的是培育他，重用他，给他充分施展才华的环境。

——三星集团创始人　李秉哲

我们很多好主意都来自店员和仓库搬运工。

——沃尔玛公司创始人　山姆·沃尔顿

三、敬业精神具有伟大而崇高的社会价值

敬业不仅能彰显公民个人的主体价值和各种需要，同时敬业还有利于用人单位的发展壮大。此外，敬业精神还具有伟大而崇高的社会价值，它是促进社会经济发展的重要力量，是社会主义文化建设的重要内容，更是促进社会主义和谐社会的道德基础。

（一）敬业精神是促进社会经济发展的重要力量

任何社会经济的发展都是在一定的文化精神的推动下生成的。敬业精神本质上就是一种文化精神，它是社会经济发展的内驱力。对本职工作的兢兢业业，对事业的执着追求，不仅体现了个体的人生价值，更重要的是它同时也是一个国家和民族精神状态、整体素质和社会风尚的体现，它关系到社会的经济发展和民族的繁荣安定。不论是以资本主义新教伦理为核心的西方传统敬业精神，还是从东方传统家庭伦理模式中发展而来的强调集体、忠诚、勤奋的敬业精神，都是不同的社会经济得以发展的动力源泉。虽然基于不同的文化背景，不同国家对敬业精神的理解有所差异，但共同的一点是，如果没有这种基于不同国情的相应的文化精神和价值理性，商品经济将无从发展，现代市场经济的形成则更无可能。由此可见，敬业精神在促进社会经济发展中起着不容忽视的作用。

经典论述

当前，我国发展正处在新的历史起点上，全党全国各族人民正在深入学习贯彻党的十七届五中全会和中央经济工作会议精神，为实现“十二五”时期经济社会发展目标、夺取全面建设小康社会新胜利而努力奋斗。要在全社会深入开展向李东晓同志学习活

动，学习他报效祖国、服务人民的理想信念，刻苦钻研、勇攀高峰的创新精神，精益求精、争创一流的进取意识，爱岗敬业、无私奉献的高尚情操，引导和激励广大干部群众把学习先进模范人物的事迹转化为推动经济社会又好又快发展的强大力量，为全面建设小康社会、加快推进社会主义现代化作出贡献。

——李长春

一方面，敬业精神可以提升劳动者的综合素质，从而促进社会生产力的大力发展。纵观人类发展轨迹，社会进步的根本要素是生产力的解放和发展，这一自然历史过程是通过人类创造历史的实践活动实现的，而精神力量在人类生产实践中的作用至关重要。我国正处于以经济发展为中心的攻坚阶段，敬业精神是社会改革和经济发展的精神呼唤。因为，只有良好的敬业精神才能够调动敬业主体的现有能力、潜在能力和创造力，为生产力的发展提供源泉和动力，从而保证社会财富的不断增加。

相关链接

现代企业的员工素质

员工素质是指员工从事某项事情（行为）所需具备的知识、技巧、品质以及工作的能力。

现代企业员工素质主要是指员工的基本素质、专业素质和政治素质所构成的员工综合素质。其中，基本素质指员工自身所具备的文化知识、语言、思想、判断能力、心理承受能力、自我约束能力和健康的身体；专业素质指员工在所从事的专业岗位上，具备的专业理论、专业技术、专业技能以及创新意识、创新能力；政治素质指员工的思想政治品质和职业道德品质。三者是相辅相成的关系，提高员工基本素质，是推动企业发展的根本保证；提高员工专业素质，是推动企业发展的动力；提高员工政治素质，是企业树立良好形象的关键。

美国著名心理学家麦克利兰于1973年提出了一个著名的素质冰山模型，所谓“冰山模型”，就是将人员个体素质的不同表现形式划分为表面的“冰山以上部分”和深藏的“冰山以下部分”。其中，“冰山以上部分”包括基本知识、基本技能，是外在表现，是容易了解与测量的部分，相对而言也比较容易通过培训来改变和发展。而“冰山以下部分”包括社会角色、自我形象、特质和动机，是人内在的、难以测量的部分。它们不太容易通过外界的影响而得到改变，但却对人员的行为与表现起着关键性的作用。

1. 知识，指个人在某一特定领域拥有的事实型与经验型信息。

2. 技能，指结构化地运用知识完成某项具体工作的能力，即对某一特定领域所需技术与知识的掌握情况。

3. 社会角色，指一个人基于态度和价值观的行为方式与风格。

4. 自我形象，指一个人的态度、价值观和自我印象。

5. 特质（性格），指个性、身体特征对环境和各种信息所表现出来的持续反应。品质与动机可以预测个人在长期无人监督下的工作状态。

6. 动机，指在一个特定领域的自然而持续的想法和偏好（如成就、亲和力、影响力），它们将驱动、引导和决定一个人的外在行动。

另一方面，敬业精神有利于市场经济的完善。经济学诺贝尔奖得主诺思说过：“自由市场经济制度本身并不能保证效率，一个有效率的自由市场制度，除了需要一个有效的产权和法律制度相配合之外，还需要在诚实、正直、公正、正义等方面有良好道德的人去操作这个市场。”这就是说如果一个社会，“普遍缺乏道德感和人文关怀意识，普遍缺乏对规律和秩序的尊重，普遍缺乏系统的敬业精神”，那么就存在着“失败基因”，到一定程度就会造成市场经济秩序不规范。亚当·斯密在《道德情操论》中也曾指出：“自爱、自律、劳动习惯、诚实、公平、正义感、勇气、谦逊、公共精神以及公共道德规范等，所有这些都是人们在前往市场之前就必须拥有的。”也就是说，市场经济活动参与者的个体道德素养，为市场经济活动中的行为选择提供道德基础；而一定的道德规范，是维持市场经济正常人际关系和社会秩序必需的行为准则。基于此，社会主义市场经济的良好运行，仅靠法律法规和经济、行政手段是不够的，只有同市场经济相适应的敬业精神发展起来，市场经济体制才会不断得到完善，特别是在如今社会主义市场经济的初级阶段，市场机制、经济法规及相应的法律手段还不健全的情况下，敬业精神的调节和约束作用就显得更加重要了。

（二）敬业精神是社会主义文化建设的重要内容

社会主义现代化应该有繁荣的经济，也应该有繁荣的文化。中国现代化建设的进程，在很大程度上取决于国民素质的提高和人才资源的开发。而文化对现代化建设的巨大作用，则表现在它能够提高劳动者的思想道德素质，激发劳动者的生产热情，从而为物质文明建设提供精神动力。正是在这个意义上我们认为，社会主义文化建设与敬业精神之间有着非常密切的关系。

经典论述

提高国家文化软实力，要努力夯实国家文化软实力的根基。要坚持走中国特色社会主义文化发展道路，深化文化体制改革，深入开展社会主义核心价值体系学习教育，广泛开展理想信念教育，大力弘扬民族精神和时代精神，推动文化事业全面繁荣、文化产业快速发展。夯实国内文化建设根基，一个很重要的工作就是从思想道德抓起，从社会风气抓起，从每一个人抓起。要继承和弘扬我国人民在长期实践中培育和形成的传统美德，坚持马克思主义道德观、坚持社会主义道德观，在去粗取精、去伪存真的基础上，坚持古为今用、推陈出新，努力实现中华传统美德的创造性转化、创新性发展，引导人们向往和追求讲道德、尊道德、守道德的生活，让13亿人的每一分子都成为传播中华美德、中华文化的主体。

——习近平

一方面，社会主义文化建设包含着敬业精神建设。中国特色的社会主义文化具有浓郁的民族传统，而一种源远流长的传统文化之所以能够不断延续和发展，自有其深刻的道理。不管人们如何认识和把握它，它都要作为一种历史的积淀和社会意识的潜流，渗入社会心理的深层，同人们的生活方式、思维模式、行为标准、道德情操、审美情趣、处世态度以及风俗习惯融为一体，成为“化民为俗”的东西，成为人们生下来就濡染其间的一种精神家园。可见，建设有中国特色的社会主义文化，必须深深植根于人民群众的历史创造活动，继承发扬民族优秀文化和革命文化传统，吸收世界文化成果，以形成一种社会主义内容和中华民族形式相结合的全新的文化。基于此，社会主义文化建设既包括科学文化等方面的内容，也包括人类思想道德及理想信念等人文内容，它们共同形成社会主义文化建设的结构图式。敬业精神作为一种特殊的社会意识现象，正是贯穿这一结构图式的经络。

另一方面，敬业精神渗透在社会主义文化建设的整体结构中。敬业精神要求职业劳动者热爱自己所从事的职业，以恭敬的态度、执着的精神对待自己的岗位和事业，自觉地承担其职业对社会、对他人的责任和义务，以高度的责任感和使命感，为人民提供良好的服务，为社会提供优良的产品。这实为社会主义文化建设人文内容的核心。

相关链接

社会主义精神文明建设的基本目标

培养“四有公民”，提高民族素质。精神文明建设归根到底是提高人的素质，是引导人们对自己的主观世界自觉地进行改造，从而提高人们改造客观世界的能力。建设社会主义精神文明，必须以培养社会主义新人作为自己的目标和归宿。“新人”的标准是“有理想、有道德、有文化、有纪律”。这是马克思主义关于培养共产主义新人的思想在中国当前阶段的具体化。“四有”是一个完整概念，包括了人的素质的两个方面：思想道德和科学文化。“四有”的四个方面是密切联系的，缺一不可，其中最重要的是理想和文化，可以说理想是根本，文化是基础。这四个方面有机的结合，培养起一代四有新人，是实现社会主义现代化建设的重要保证。人的素质是历史的产物，又给历史以巨大影响。一个民族的素质如何，对社会的发展起重要作用。在社会主义历史条件下，努力改善全体公民的素质，必将使社会劳动生产率不断提高，使人和人之间在公有制基础上的新型关系不断发展，使整个社会的面貌发生深刻的变化。这是我国社会主义现代化事业获得成功的必不可少的条件。

（三）敬业精神也是促进社会主义和谐社会的道德基础

古希腊哲学家柏拉图认为：公正即和谐，正义是个人和国家的“善德”；城邦的正义体现为不同阶层的人们各司其职、尽展其能所形成的秩序。社会主义和谐社会是民主法治、公平正义、诚信友爱、充满活力、安定有序、人与自然和谐相处的社会，如果我们把和谐社会理解为社会诸要素的融洽整合与协调发展，那么，构建和谐社会的关键在于合理有序地规范和协调社会诸要素的关系，尤其要合理、有效地化解各种社会矛盾和冲突。因此，社会和谐就离不开全体公民素质的提高。从全面提高公民主体素质的角度来看，敬业也有重要的社会现实意义。

社会要进步要发展，离不开全体社会成员认认真真、尽职尽责的敬业精神，它是职业精神的首要内涵，是通向职场的“绿卡”，是职业道德和优秀品格的集中体现。爱岗敬业是一种奉献精神，在我们贯彻落实科学发展观、构建社会主义和谐社会的过程中，加强职业道德建设，提倡爱岗敬业精神，具有极强的现实意义。只有爱岗敬业的人，才会在自己的工作岗位上勤勤恳恳，不断地钻研学习，一丝不苟，精益求精，才有可能为社会为国家作出极大的奉献。工作本身没有贵贱之分，但是对工作的态度却有高低之别，只有那些爱岗敬业的人，才能将工作当成自己的事，恪守尽职尽责、认真负责、一丝不苟、善始善终等职业道德，以求不断进步。

敬业就是忠诚于自己的工作。一个将自己所在的行业单位视为己有，并尽职尽责完成工作的人，终将会拥有自己的事业。反之，轻视自己的职业，抱怨太多，心态消极，将会不思进取，也不会取得真正的成就。只有忠于自己的工作，与同事们同舟共济，人生才会变得更加完满，事业才会变得更加成功。因此，在现实生活中，社会主义和谐社会的建构就需要每个公民在各自岗位上勤勉工作，保持良好的工作态度，在岗言岗、在岗爱岗、在岗为岗，做到心无旁骛，专心致志，埋头苦干，积极奋进。公务员廉洁奉公，法官秉公执法，军人保家卫国，商人诚信经营，教师教书育人，医生救死扶伤，科技人员发明创造……唯有全体公民各守其道、各司其职、各负其责，恪守自己的职业道德和职业操守，才能成为社会主义和谐社会建设的助推器。

经典论述

> 在我们的社会里，广大劳动者有高度的政治觉悟，他们自觉地刻苦钻研，提高科学文化水平，从而必将在生产中创造出比资本主义更高的劳动生产率。
>
> ——邓小平

推荐阅读材料

1. 马克思恩格斯选集. 2 版. 第 1 卷. 北京：人民出版社，1995

2. 邓小平文选. 2 版. 第 2 卷. 北京：人民出版社，1994

3. 胡锦涛. 在庆祝中国共产党成立 90 周年大会上的讲话. 北京：人民出版社，2011

4. 中共中央宣传部. 习近平总书记系列重要讲话读本. 北京：学习出版社，2014

5. 吴玉军. 敬业：在平凡中铸就非凡. 人民日报，2014-02-17

第三章

如何敬业：三位一体，三管齐下

敬业不是一句简单的口号，不是随便说说就能实现的，需要每个公民、每个行业和用人单位乃至全社会的共同努力。对公民个人来说，敬业需要我们向热爱生命一样热爱工作，要树立敢于负责的职业精神、勤奋刻苦的职业态度、积极探索的职业素养、专心致志的职业情感以及精益求精的职业操守；从行业和用人单位来讲，敬业需要各个部门深化干部人事制度改革，通过科学合理的激励约束机制，在招聘选人、任用提拔、职业发展以及薪资福利等方面建章立制，真正做到奖勤罚懒，任人唯贤，进而激发员工爱岗敬业、尽职尽责的热情和斗志；从政府和社会的角度看，敬业需要全社会的共同努力，通过培育和营造一种“劳动光荣，懒惰可耻”、“拒绝平庸，追求卓越”、“在平凡中铸就非凡”的舆论环境和社会氛围，让敬业之花开遍神州大地，激励着每一个公民在平凡的岗位上书写非凡的人生篇章。

一、公民个人：像热爱生命一样热爱本职工作

“爱而不敬，非真爱也；敬而不爱，非真敬也。”事实证明，真正的敬业者必然有爱业情怀。对职业的热爱是敬业的深层动力，会燃起人们巨大的工作热情，激发人们奋进的强大动力。正如高尔基所言：“天才是由于对事业的热爱感而发展起来的，简直可以说，天才就其本质而论只不过是对事业、对工作过程的热爱而已。”在培育和践行社会主义核心价值观的今天，尤其需要大力倡导敬业精神，引导人们恪尽职守，像热爱生命一样热爱本职工作，为实现全面建成小康社会的奋斗目标和中华民族伟大复兴的中国梦而不懈奋斗。

（一）敢于负责的职业精神

责任让我们干一行爱一行，责任让我们一心一意，要做就做到

最好。一个有责任意识的人会给别人一种信任感，会吸引更多的人与自己合作。一个人承担更多的责任，自己才能得到更多的回报和尊重。信守责任的同时，就是在信守一个公民的人格和道德。然而，在我们的日常生活中，很多人往往不是非常清楚地意识到自己身上的责任。但是，没有意识到责任不等于就没有责任，这是对责任的逃避。因此，我们要想把工作做好，就必须树立正确的责任意识，爱岗敬业，做任何工作都要心无旁骛，专心致志。在现实社会中，和谐社会的构建需要每个社会成员在各自的岗位上勤勉工作：公务员廉洁奉公，教师教书育人，医生救死扶伤，商人讲究信誉，干警公正执法，军人保家卫国……唯有每一个公民在自己的工作岗位上各司其职、各尽其责，社会才会安定有序，国家才会兴旺发达。

延伸阅读

“最美司机”吴斌——用生命诠释责任

吴斌是杭州长运客运二公司的快客司机，跑杭州—无锡线路。2012 年 5 月 29 日中午，吴斌驾驶客车从无锡返回杭州，车上载有 24 名乘客。11 时 40 分左右，车行驶至锡宜高速公路宜兴方向阳山路段时，一块大铁片突然从天而降，击碎挡风玻璃后，砸向吴斌的腹部和手臂。监控画面记录下了当时突发的一幕，时间共 1 分 16 秒：被击中时的一瞬间，吴斌本能地用右手捂了一下腹部，看上去很痛苦，但他没有紧急刹车或猛打方向盘，而是强忍疼痛让车缓缓减速，稳稳地停下车，打起双闪灯，拉好手刹，最后他解开安全带挣扎着站起来，打开车门，疏散旅客。他回头还对受到惊吓的乘客说：“别乱跑，注意安全。”做完这一切，吴斌瘫坐在了座位上。66 岁的孙先生当时就坐在吴斌驾驶的大客车上。他说，车刚开出半小时，行驶在高速公路最里侧的快车道上。“当时，突然听到驾驶室传来一声巨响，坐在前排的乘客，都从座位上站了起来。”孙先生说，紧接着大客车稳稳地停了下来，随后，车门也打开了。“看吴师傅时，身上都是血，斜倒在座位上，连说话的力气都没有了，看上去十分痛苦。”同在车上的乘客周先生说，大家看到，车的挡风玻璃上有一个洞。有人把吴斌的衣服解开后，发现他满身是血，腹部还有一个三角形的洞。参与抢救的医生发现，这块从天而降、数斤重的铁片，在击碎挡风玻璃后直接刺入了吴斌的腹部，导致其整个肝脏破裂、多根肋骨折断。抢救输血达 1 万多毫升。“面对突如其来的致命打击，在那么痛苦的情况下，吴斌还坚持把车停好，值得敬佩。”乘客韩先生说，若不是吴斌的敬业，很可能就是车毁人亡。韩先生事发时坐在车子的倒数第三排。他回忆说，吴斌的最后一句话是：“给我打 110 和 120，你们不要乱走。”说完，他无力地倒在了座位上。24 名乘客无一受伤，而年仅 48 岁的吴斌，因伤势过重，抢救无效，于 6 月 1 日不幸去世。吴斌遇袭后靠毅力完成安全停车的这一幕，感动了无数网民。艺人姚晨发微博说：“看着视频，忍不住哭了。向平凡而伟大的好人再一次致敬。感谢您！”网友“麦唛 z”说：“看过视频，震撼，令人潸然泪下，即使在自己生命的最后一刻，吴斌师傅仍以超出常人的毅力诠释了维护他人生命的责任。”车上监控拍摄下的 1 分 16 秒的视频在网上流传开来，数百万网民表达了敬意，大家毫不吝啬地称他为“最美司机”。论坛、微博上，网民自发为他祈福、送行。据吴斌的同事介绍，从 2003 年进入公司担任班车驾驶员起，近 10 年来，吴斌已安全行驶 100 多万公里，从来没有发生一起交通事故和旅客投诉。“吴斌是一个非常平凡的驾驶员，但在关键时刻，吴斌体现了一名职业驾驶员高尚的职业素养。”

（二）勤奋刻苦的职业态度

态度决定一切。要做到敬业，始终保持一种勤奋的职业态度必不可少。中国古话说得好："业精于勤，荒于嬉。"伟大导师恩格斯也说过："谁肯认真地工作，谁就能做出许多成绩，就能超群出众。"由此可见，勤奋刻苦的职业态度是事业成功的必要条件。敬业要求人们尽责、专注、钻研、奉献，而勤奋则是一切敬业要求实现的根本手段。如果说梦想是成功的起跑线，决心是起跑时的枪声，那么勤奋刻苦则如起跑者全力的奔跑，唯有坚持到最后一秒的，方能取得成功。如果你足够勤奋刻苦，就能够克服工作中的困难；如果你足够勤奋刻苦，就能够弥补能力上的不足；如果你足够勤奋刻苦，在机遇面前就会做好充足的准备；如果你足够勤奋刻苦，就能够提高自己的造诣。在这个世界上，没有免费的午餐，没有天上掉下来的馅饼，凡是取得超于常人成就的人，在背后都付出过别人未曾付出的汗水。敬业的人往往具有勤奋刻苦的职业态度，且能够把这种积极的态度保持住，长此以往，他们能从工作中学到比别人更多的经验，增长更多的才干，而这些经验和才干就是他日后向上发展的阶梯。

延伸阅读

执着追求　勤奋工作
——青海省同德县秀麻乡斗合索寄宿教师刘秀青先进事迹

刘秀青同志自1994年参加工作以来，在教育战线上默默耕耘，以执着的追求、顽强的毅力、热忱的工作态度，克服了重重困难，16年如一日，安贫乐教，艰苦创业，为牧区的教育工作默默奉献。在搞好本职工作的同时，她还坚持不懈地学习马列主义、毛泽东思想、邓小平理论、"三个代表"重要思想和科学发展观，不断加强自己业务知识学习，一有机会，就向群众宣传党的政策、方针、路线、国家有关法律法规。她常说，"百年大计，教育为本"，我们必须抓好教育；民族事业的发展关键要靠教育，如果抓不好教育，一个民族、一个地区的经济永远不能向前发展，永远会落在最后面。从她朴实的言行中，可以看到一颗对民族教育事业的赤诚之心，她不仅是一名言传身教的老师，而且也是一名宣传政策的能人。

她心系牧区，情洒校园，在教学工作的这些岁月里，像一位辛勤的园丁将爱心洒向每一个渴望学习的孩子，她足迹踏遍斗合索的每个角落，她的身影在群众心目中留下了深刻的印象，她心里时刻装着每一个孩子，把孩子的前途当作自己的命根子，哪一个孩子辍学了，她对辍学生的家长总是不厌其烦地上门说服教育；哪一个孩子生病了，她就主动资助去就医治病，一切事情都深深牵动着她的心。她非常热爱本职工作，对教学工作认真负责，积极肯干，要求上进，刻苦钻研业务，力求精益求精，无论是备课还是批改作业，都一丝不苟，讲课时她更是从浅入深，因材施教，用通俗易懂语言让学生听得懂、记得牢。白天她忙碌一天，晚上还要批改作业、研究教材、准备明天的教学任务等，直到深夜才休息。多年来，她一直担任汉语文教学工作，她所担任的学科成绩一直都名列前茅，教育教学成绩突出。

刘秀青老师在认真践行“三个代表”重要思想的同时，始终把全心全意为人民服务作为一切工作的出发点和落脚点。她对群众赤心一片，任劳任怨做好群众的公仆，言行一致，表里如一，服从组织安排，从不计较个人得失和荣辱，勤勤恳恳，任劳任怨，每年都能保质保量地完成各项工作任务。同时，她还十分关心群众的疾苦冷暖，对受灾和贫困群众能及时伸出友谊之手，率先捐款捐物，奉献自己的一片爱心，并与同志们和睦共事、团结一致，不分民族，一律平等相待，敬老爱幼，处处体现一名新世纪人类灵魂工程师的高尚品质。

学校物质环境是学校的外在形象，具有教育性和艺术性，也是校园文化建设的物质基础，而校园文化活动更是学校实施素质教育的基础，是实现全面发展培养目标的重要途径之一。按照全面实施素质教育的要求，积极组织和开展丰富多彩的校园文化活动，每学期组织开展文艺节目、歌咏比赛、书画展览、锅庄舞比赛、爬山比赛、主题班会、朗读比赛等活动，还因地制宜地抓好学校特色和传统教育活动，使学生在活动中受到教育，从而丰富了教师和学生的业余生活，使学生在教育娱乐中茁壮成长。

在教学过程中，她一改过去的教学模式，打破常规，严格要求自己，利用教材和课堂的有关因素充分调动学生的思维主动性，引导学生自己动脑思考问题，培养他们的思维能力，使学生从小就有一个自由发展思维的空间。

刘秀青老师以不怕苦、不怕累的精神，以自己的一片爱心和辛勤耕耘换来了学生思想和学习上的丰收，为培养人才和当地文化、经济发展，贡献了自己的全部力量，受到了当地群众的一致好评。

(三) 积极探索的职业素养

我们每个人如何做到爱岗敬业、无私奉献，进而通过自己的努力拼搏成为不同行业、不同领域的行家里手、业务骨干呢？这其中，积极探索的职业素养不可或缺。

积极探索的职业素养要求我们必须破除自满观念。因此，我们要用辩证的思维审视成绩、观察现状，要站在新的历史起点上以高标准、严要求审视自己，坚决摒弃骄傲自满、沾沾自喜、自我满足的思维定式和小富即安的保守思想，要弘扬自强不息、勇攀新高的进取精神，凡事力求先人一步、胜人一筹、快人一拍。增强不进则退、小进也是退的忧患意识，做到与强的比、向高的攀、同勇的争、跟快的赛，不断挑战超越自我，在发展上不断实现新的跨越。

积极探索的职业素养要求我们必须破除吃老本观念。感觉不到危机，恰恰是最大的危机。危机的根源在“不求有功，但求无过”

和“守摊子吃老本”的思想观念，墨守成规、安于现状的小生产观念。我们唯有破除一切妨碍发展的思想观念，改变一切束缚发展的做法规定，自找差距，自我加压，认真剖析和切实解决思想观念、思维方式、精神状态、工作作风等方面存在的问题，以放眼全球的视野、有所作为的抱负、冲破羁绊的闯劲、勇攀新高的冲劲、奋力爬坡的韧劲，不断增强创新优势、取得新突破、创造新业绩。

积极探索的职业素养，要求我们必须破除小富即安的观念。要改变按部就班、当一天和尚撞一天钟、贪图安逸、松松垮垮的工作作风，改变责任心不强、履职不到位的状态，破除无所用心、无所作为、无所事事的惰性思维；要树立艰苦创业的观念，做好吃苦流汗的准备，强化只争朝夕、知难而进的拼搏精神，实行严格的责任追究制。实干兴邦，空谈误国。只有把奋发有为、积极进取的精神状态，把求真务实、埋头苦干的工作作风，融入培育和践行社会主义核心观的实际行动，才能做到不为任何风险所惧，不为任何干扰所惑，“咬定青山不放松……任尔东西南北风”。

名人隽语

人要是惧怕痛苦，惧怕种种疾病，惧怕不测的事情，惧怕生命的危险和死亡，他就什么也不能忍受了。

——卢梭

上天完全是为了坚强我们的意志，才在我们的道路上设下重重的障碍。

——泰戈尔

必须以率直、谦虚的态度，乐观进取、向前迈进。

—— 松下幸之助

（四）专心致志的职业情感

专心致志是敬业的一种表现形式，更是一种职业情感，与其诸事平平，不如专注于自己手头的工作，在岗言岗、在岗爱岗、在岗为岗，做到心无旁骛，专心致志，埋头苦干，积极奋进，这是很多成功人士攀登职业高峰的秘诀，也是我们成就伟业的基本规律。与其他有能力做这件事的人相比，如果你能够以专心致志、心无旁骛的职业情感去敬业工作，你往往就能创造出他人无法取得的成绩，就能凭借专心致志的职业情感赢得良好的声誉和口碑，进而攀上事业的高峰。

在日常生活中，一个人的能力和精力毕竟有限，要想样样精通是很难办到的。如果你想成就一番事业，实现自身价值，就必须时刻牢记“专心致志”这一职业情感，干一行爱一行，干一行专一行。美国戴尔电脑公司的总裁迈克尔·戴尔在一次员工大会上告诫其员工时说：“专注，具有神奇的力量。它是一把打开成功大门的神奇之钥！它能打开财富之门，也能打开荣誉之门，还能打开潜能宝库的大门。在这把神奇之钥的协助下，我们已经打开了通往世界所有各种伟大发明和成功的秘密之门。”美国前总统老布什在一次演讲中也谈道：“比其他事情更重要的是，你们需要知道怎样将一件事情做好；与其他有能力做这件事的人相比，如果你能做得更好，那么，你就永远不会失业。”然而，我们如何才能在一件事情上比别人做得更好呢？其实，无论从事什么行业，处于什么岗位，只要你比别人更专心致志，心无旁骛，你往往就会比别人更胜一筹。现实生活中，很多人事业进展不大，并不是因为他们没有才干，而是因为他们不肯集中精力专心致志去干一件事，反而是三心二意，三天打鱼两天晒网，这山望着那山高，其结果往往是最后什么也没干成。

延伸阅读

这里没水，再换个地方挖
（文/源黎）

这幅题为《挖井》的漫画，相信大家并不会感到陌生。画中人手拿铁锹在挖井找水，他或深或浅地挖了几口井。遗憾的是，在他所挖的深深浅浅的井中却没有一口井出水。也许，有人会问：“这究竟是什么原因呢?”我想：原因可能有很多种，但关键还是在于：他没有坚持到底，挖到一定程度没有水，便主观地认为这个地方不会有水，就放弃了。接着，他又寻找可能有水的地方重复前面的徒劳。其结果可想而知……

也读过这样一个故事：“约在一个半世纪以前，一艘英国商船沉没于马六甲海域，这艘从广州驶出的船上满载着古老中国的丝绸、瓷器及珍宝。……10 年前一位名叫鲍尔的人偶然从资料上获此信息，便下决心打捞这艘沉船，他在深黑的海底摸索了 8 年，探寻了 70 平方公里的海域，终于找到了海底的宝物。事后鲍尔说他其实一直有放弃的念头，每次筋疲力尽地从海底潜回时他都不想再干下去了，他甚至怀疑早年的记载有误，而且 8 年来他已耗尽巨资，债台高筑，但他终于坚持到了成功的这一天。”

我利用20余年的时间，在自己的业余文化生活之路上也“挖”了一口“井”，哪怕是碰到了“坚硬的砖”、“破碎的石头”，我也没有消极怠工过，依然坚持朝着自己的目标锲而不舍地“挖”下去，虽然时间很漫长，但是，我终于“挖”到了“水”。不管旁观者如何评价“井水的品位”，也不管这口井的“水”是“苦”还是“甜”，是“淡”还是“涩”，毕竟，我通过不懈的努挖到了“水”。

这幅《挖井》漫画、“鲍尔的故事”以及我的亲身体会，都在告诉我这样一个道理：“在人的一生中，坚持不用多，有一次坚持到底就算是成功；而放弃一旦开了头，就会步入一而再，再而三的恶性循环当中。”失败与成功的界限如此微妙，我们跨过它时极少察觉，以致我们往往意识不到自己就处在这条线上。

（五）精益求精的职业操守

我们常说要追求卓越，其实卓越就是要求我们干任何事都要精益求精，拒绝日常生活中常见的做事马马虎虎、敷衍塞责、不肯认真、不求准确的通病。在工作中，我们要想把一件事情做好，就需要我们有拒绝平庸、力争完美、精益求精的职业操守。我们的工作不允许有任何的瑕疵，在任何时候我们都不能仅仅满足“过得去”、“还凑合”、“基本可以”，而是要全力以赴地把工作做精做细，追求工作的尽善尽美。

世界著名的连锁酒店希尔顿饭店的创始人康·尼·希尔顿就是这样一个在工作上精益求精、力求完美的人。他对希尔顿饭店上自企业战略规划，下自员工的一言一行都非常注重细节，精益求精。在培训员工时他曾说道：“大家要牢记，万万不可把我们心里的愁云摆在脸上！无论饭店本身遭遇何等的困难，希尔顿服务员脸上的微笑永远是顾客的阳光。”也正是从一个小小的微笑，在别人看来一个小小的细枝末节，康·尼·希尔顿都要求他的员工时时刻刻做到。你也许觉得一个微笑，准确叫出客人的姓名这些都是小事，然而，我们每个人所做的工作，都是由一件件小事构成的。把我们日常生活中的每一件小事都做到极其完美的程度，对每一件小事都精益求精，你必须付出你所有的热情和努力。这些小事上的精益求精、力求完美，其实体现的是一种专业化品质，是一种职业操守，而只有具备了精益求精的职业操守的人，才能锻造出完美的工作表现。

延伸阅读

差不多先生传
（文/胡适）

你知道这个最有名的人是谁吗?

提起此人，人人皆晓，处处闻名。他姓差，名不多，是各省各县各村人氏。你一定见过他，一定听过别人谈起他。差不多先生的名字天天挂在大家的口头，因为他是中国全国人的代表。

差不多先生的相貌和你和我都差不多。他有一双眼睛，但看的不很清楚；有两只耳朵，但听的不很分明；有鼻子和嘴，但他对于气味和口味都不很讲究。他的脑子也不小，但他的记性却不很精明，他的思想也不很细密。

他常常说："凡事只要差不多，就好了。何必太精明呢?"

他小的时候，他妈叫他去买红糖，他买了白糖回来。他妈骂他，他摇摇头说："红糖白糖不是差不多吗?"

他在学堂的时候，先生问他："直隶省的西边是哪一省?"他说是陕西。先生说："错了。是山西，不是陕西。"他说："陕西同山西，不是差不多吗?"

后来他在一个钱铺里做伙计；他也会写，也会算，只是总不会精细。十字常常写成千字，千字常常写成十字。掌柜的生气了，常常骂他。他只是笑嘻嘻地赔小心道："千字比十字只多一小撇，不是差不多吗？"

有一天，他为了一件要紧的事，要搭火车到上海去。他从从容容地走到火车站，迟了两分钟，火车已开走了。他白瞪着眼，望着远远的火车上的煤烟，摇摇头道："只好明天再走了，今天走同明天走，也还差不多。可是火车公司未免太认真了。八点三十分开，同八点三十二分开，不是差不多吗？"

他一面说，一面慢慢地走回家，心里总不明白为什么火车不肯等他两分钟。

有一天，他忽然得了急病，赶快叫家人去请东街的汪医生。那家人急急忙忙地跑去，一时寻不着东街的汪大夫，却把西街牛医王大夫请来了。差不多先生病在床上，知道寻错了人；但病急了，身上痛苦，心里焦急，等不得了，心里想道："好在王大夫同汪大夫也差不多，让他试试看罢。"于是这位牛医王大夫走近床前，用医牛的法子给差不多先生治病。不上一点钟，差不多先生就一命呜呼了。

差不多先生差不多要死的时候，一口气断断续续地说道："活人同死人也差……差……差不多……凡事只要……差……差……不多……就……好了……何……何……必……太……太认真呢？"他说完了这句格言，方才绝气了。

他死后，大家都很称赞差不多先生样样事情看得破，想得通；大家都说他一生不肯认真，不肯算账，不肯计较，真是一位有德行的人。于是大家给他取个死后的法号，叫他做圆通大师。

他的名誉越传越远，越久越大。无数无数的人都学他的榜样。于是人人都成了一个差不多先生。——然而中国从此就成为一个懒人国了。

（原载《申报》，1924-06-28）

二、用人单位：制定科学合理的激励约束制度

任何一个用人单位都是一个有机联系的整体，只有人人热爱本职工作、兢兢业业，各个工作部门协调运转，才能产生整体效用。因此，从行业组织的角度讲，敬业需要相关部门在深化人事制度改革，建设科学规范、充满活力、有利于优秀人才脱颖而出的选人用人机制，在招聘选人、任用提拔以及薪资福利等方面制定科学合理的激励约束机制，真正做到任人唯贤、奖勤罚懒。唯有如此，我们才能构建起以公平、公正、公开为基准的组织人事架构，进而激励约束员工敢于担当、爱岗敬业、尽职尽责、积极主动，对工作报以极大的热情和斗志。

（一）严格规范招聘选人制度

用人单位如何严格规范人事制度，严格规范招聘选人机制，是建设一支爱岗敬业、尽职尽责的高素质干部队伍的重要保证。有效的人员选拔目标是，使个体的特点（能力、经验等）与工作要求相匹配。当用人单位在招聘录用人员过程中不能做到公平、公正和公开，出现所谓的暗箱操作或者“萝卜招聘”，这种招人用人上的不正之风往往致使所录用的人员与其职位要求不相匹配，进而给用人单位的协调运转和整体绩效带来负面影响。用人单位如果在招聘选人方面不能建章立制，严格规范，而是任凭递条子、打招呼，这样的选人用人机制如果弥漫这个用人单位，久而久之会使整个组织内其他员工的工作热情和工作满意度严重受挫，进而会严重影响到整个单位员工的爱岗敬业精神。

当前，各用人单位要着眼于适应完善社会主义市场经济体制的

需要，不断推行和完善已经普遍实行的人事制度改革措施，严格规范招聘选人机制，按照政事职责分开、单位自主用人、个人自主择业、政府依法监管的要求，建立符合各类用人单位特点的人事制度。在当前，推行聘用制和岗位管理制度，促进由固定用人向合同用人、由身份管理向岗位管理转变。研究制定单位人事管理条例，规范按需设岗、竞聘上岗、以岗定酬、合同管理等管理环节，逐步做到同工同酬、能进能出、能上能下。

相关链接

何谓“萝卜招聘”

“萝卜招聘”比喻“量身定制”的招聘。近年来，由于公务员“逢进必考”被执行得比较到位，事业单位就成了部分有权有势者安排子女和亲属的后花园。在用人单位组织实施的专业测试操作过程中，或多或少存在打“人情分”的现象。“萝卜招聘”也指为有关系的候选人量身定制的招聘条件或者职位，来达到让关系户成功应聘的目的。尽管“萝卜招聘”的手段和用意全社会人人心知肚明，但是当事单位解释和回应起来都还是“理直气壮”，不是巧合就是程序合法。还有的因为“人才匮乏，急需人才”，甚至当地收入低很多人不愿来也成了理由。这里连“解决夫妻孩子两地分居”也搬了出来。

“萝卜招聘”丑闻接二连三地爆了出来，不仅在社会上造成了极坏的影响，更损害了政府的形象，影响了政府的公信力。如今“萝卜招聘”不仅呈现了倔强的势头，甚至还有点疯狂。

这个“萝卜”为什么这么倔强？就是因为要让一个青年顺顺当当地成为公务员太不容易了。过去，只要有“门路”，官员的孩子只要进厂或当兵，以后再把身份转掉，就可以堂而皇之地“当干部”了。而按照国家规定，不仅是公务员，就是一般事业性的单位，要进人都必须进行严格的考试。

对整个社会来说这是一种公平和正义。而对那些一心想通过捷径把子女培养成“接班人”的官员来说，这种公平就是他们一道难以逾越的坎。这道坎更是能决定子女们的一生。既要公开招聘，又要让子女顺利过关，“萝卜招聘”就是最佳的选择了。一些地方之所以出现“倔强的萝卜”，甚至被网友揭出后还强词夺理，就是因为他们压根没有把国家的人才选拔当成一种社会公共资源，而是当成了自己可以世袭的一种私有资源。而让自己的子女通过这种捷径走上仕途，为的更不是地方“人才匮乏，急需人才”，而是冲着稳定的收入、优厚的待遇去的。而这些通过歪门邪道踏上仕途的“人才”，即便成为坑里的“倔强萝卜”，也不会有益于社会和国家。

（资料来源：百度百科）

（二）严格规范任用提拔制度

“用一贤人则群贤毕至，见贤思齐就蔚然成风。”用人单位要想在组织内营造爱岗敬业、尽职尽责的组织文化，则必须在员工的任用提拔上严格规范，推行和完善民主推荐、民主测评、差额考察、任前公示、公开选拔、竞争上岗等激励约束制度，防止和纠正选人用人上的不正之风，推进干部工作科学化、民主化、制度化。因此，用人单位须本着与时俱进、改革创新的精神，不断吸收干部人事制度改革的新经验新成果，对干部选拔任用制度进行改进完善，在实践中总结经验，探索规律，推进干部制度建设。这是做好干部选拔任用工作的基本遵循，也是从源头上预防和治理选人用人不正之风的有力武器。通过严格规范干部任用提拔制度，健全科学合理的干部选拔任用机制，把公道正派、敢于担当、业务精湛、清正廉洁的选人用人标准落实到选拔任用工作中去，建设高素质的干部队伍，具有十分重要的意义。

人才的成长有规律，多数情况下选拔任用干部应当逐级提拔。同时，用人单位一定要从实际出发，及时把那些特别优秀或者工作特殊需要的优秀员工破格提拔到领导岗位上来，这也是符合人才成长的特殊规律，有利于那些工作认真、敬业奉献的优秀人才脱颖而出。这些年，很多用人单位在打破论资排辈、不拘一格降人才方面取得了很大成绩，对于这些尽职尽责、工作热情的人才，我们大胆使用，人民群众是认可的，激发了大家干事创业的主动性、积极性和创造性。但也有一些用人单位在破格提拔上出现了不少问题，突出表现为破格提拔缺少制度规范；资格条件把关不严，“破格”变“出格”；破格人选把关不严，存在“拼爹”现象；破格提拔工作不透明，暗箱操作，影响了选人用人的公信度。我们只有在不断查漏补缺的基础上，不断完善相应的制度安排，一方面坚持了破格提拔这一制度安排，为优秀人才脱颖而出留出了“快车道”，又按照选拔标准更高、审批把关更严、过程更公开透明的要求，从严进行规范，使之更具操作性。一是在选拔对象方面，规定特别优秀或者工作特殊需要的干部方可破格提拔，并分别明确了具体适用情形。二是在选拔标准方面，规定选拔任用的基本条件和有关法律、章程规定的资格不能破，任职试用期未满或者提拔任职不满的不得破格提拔，不得在任职年限上连续破格，不得越两级提拔，防止“破格”变成“出格”。三是在审批把关方面，规定在讨论决定前，必须报经上级组织人事部门同意，其中越级提拔或者不经过民主推荐列为破格提拔人选的应当事先报告，经批复同意后方可进行。四是在过程公开方面，规定讨论决定和任职前公示时应当说明破格的具体情形和理由，切实增强破格提拔的公开性、透明度。

延伸阅读

如何“不拘一格降人才”

2012年5月10日，湖南宣布公开选拔33名优秀年轻干部，规模创下历史之最，职位中包括副市长等要职，消息一出广受好评。但毋庸回避的现实是，近年有关年轻干部选拔的质疑声也时有耳闻。

干部年轻化为何受关注

2009年6月，29岁的清华大学硕士毕业生周森锋当选湖北省宜城市市长，一时成为全国舆论的焦点。据不完全统计，继周森锋之后，引发关注的年轻干部选拔事件不下15起：25岁的湖北省宜都市女镇长牟阳，29岁的河北省馆陶县代县长闫宁，23岁的清华大学毕业生、甘肃省武威市副县级干部焦三牛……

根据有关方面回应和调查来看，绝大多数年轻干部的选拔程序符合规范，但在一些受到质疑的事件中，也确实发现了问题。如湘潭“90后女副局长”就属违规任用。

专家指出，年轻干部选拔之所以越来越受关注，一个重要因素是随着我国干部人事制度改革的不断深化，年轻干部的选拔任用日益从幕后走向台前。

年轻人“挑大梁”难在哪儿？

人才成长规律表明，25岁至45岁是人才发展的“黄金期”，这个阶段的人最具活力、魄力和创造力。古今中外，青年人“挑大梁”的例子屡见不鲜。

但如今，每当有年轻干部被提拔，虽也有支持的声音，但也有怀疑和担忧：年龄这么轻，资历这么浅，凭什么让他上？肩膀这么嫩，没经验没阅历，怎么能挑起重担？年轻人有的是机会，为什么不能谦让一下老同志？

“一个社会对青年的态度，反映了社会思想文化的进步程度。”中国青年政治学院教授陆士桢说，目前存在的“羡慕嫉妒恨”等狭隘心理，以及论资排辈、求全责备、平衡照顾等守旧观念，对优秀年轻干部脱颖而出造成了伤害。

专家指出，面对新形势、新任务、新挑战，如今年轻干部不是多了而是仍满足不了需要，选用年轻干部步子不是快了而是仍跟不上时代步伐。如果没有宽容、理性的社会氛围，没有不拘一格用人才的开放思维，总习惯性地“逢年轻必疑”，我们错失的不仅是机遇还有希望。当前，迫切需要树立科学人才观，勇于冲破旧观念，敢为事业用人才。

用才如何“不拘一格”?

针对“干部年轻化”问题，邓小平同志曾经说过：“一定要真正把优秀的中青年干部提拔上来，快点提拔上来。……特别优秀的，要给他们搭个比较轻便的梯子，使他们越级上来。”

“选拔任用年轻干部要不拘一格，但并不是说在具体程序上网开一面。”戴焰军说。专家指出，当前社会上存有质疑，既是因为旧观念在不少人心中仍根深蒂固，也是因为公众对年轻干部选用工作有了更高期待。为优秀年轻干部搭起“轻便的梯子”，需遵循年轻干部成长的规律，需在培养、选拔、使用等各环节进一步完善机制。

专家指出，干部队伍年轻化不是“低龄化”，不能将任职年龄层层递减，防止为提拔而提拔。要打破条块、行业、地区等界限，拓宽选人的视野；要加强后备干部队伍建设，从制度上保证老中青梯次配备的干部任职年龄结构。

在年轻干部的使用上，中国人事科学研究院院长吴江建议，要坚持能上能下制度，上来不适应再下去，经过锻炼再上来，在优胜劣汰中考验年轻干部；要让年轻干部勇于接受社会监督，经得起舆论的考验。

（资料来源：新华社北京5月20日电）

（三）严格规范薪资福利制度

敬业的人会对自己从事的职业具有献身精神，将自己的一生与其联系起来，在事业发展中实现人生价值；会拥有强烈的责任感，明确认识到自己承担的特定职责，忠实履行职责，勤勤恳恳工作，任劳任怨付出。这样，工作就会由外在的强制和被动转化为内在的自觉和主动。然而，处于现实生活中的个体，都会面临各种各样的生活难题，都要养家糊口、抚育后代。因此，作为用人单位，如何制定严格规范的薪资福利体系，让爱岗敬业、埋头苦干、积极主动的员工能够得到合理的报酬是重中之重。

用人单位应本着以员工所在岗位的工作性质、责任大小、技术含量、劳动强度、市场因素以及相对价值为依据，以履行岗位职责的好坏程度为基准来制定员工的薪资福利的标准。在薪资福利中，充分体现按劳分配、多劳多得的原则，并以这一原则为标示，进而充分调动员工的积极性、主动性和创造性。在这方面，我们是走过弯路的，在计划经济年代，我们在分配制度方面实行的是吃大锅饭，出现干多干少一个样，干与不干一个样。这种分配制度，严重挫伤了广大群众的积极性，致使物资严重短缺，老百姓吃不饱、穿不暖，生活水平极其低下。改革开放以来，我们做的最为正确的事情之一就是把激励搞对了，打破“三铁”（铁饭碗、铁工资、铁交椅），鼓励用人单位完善和规范薪资福利制度，对收入分配制度进行大刀阔斧的改革，从而激发了广大群众的工作热情和创新精神。短短 30 多年时间，我国在政治、经济、科技、文化、教育等方面取得了举世瞩目的成绩。2010 年，我国经济总量超过日本，成为世界第二经济大国。

延伸阅读

如何让老实人不吃亏

（文/顾伯冲）

不能让老实人吃亏，这是一个人人都明白的老道理。然而在现实生活中，并不是人人都在按这个道理办事。在一些人眼里，老实人竟成了“傻瓜”、“无能者”的代名词，似乎吃亏是理所应当的，老实人不吃亏谁吃亏？这说明：不让老实人吃亏不是一件轻而易举就能做到的事，需要把老道理再摆一摆，并努力拿出一些办法来。

大概说来，可以把老实人分为两种类型。一种是天生的老实。这种人承传了先辈本分的基因，耳濡目染的是老实人、老实事，不知不觉中形成了做事任劳任怨、为人敦厚实在的品格，实诚有加、讷讷于语而又认真严谨、心热如火。另一种是修来的老实。这种人生性不憨、头脑不钝，是非观念明确，办事能力很强，不属于“天生的老实”一类，但把做老实人当成一种修养和境界，善于琢磨事，不愿琢磨人。无论哪一类老实人，我们的社会都需要，都不能让他们吃亏。

但令人遗憾的是，时下老实人受冷落、被亏待的现象在一些地方和单位依然存在：有的埋头做事、不事张扬，真正做到了把自己当作一块砖，哪里需要哪里搬，可是一有提拔使用、调职晋级的机会，却往往因为不会“闹夜”而“无奶可吃”；有的潜心钻研、心无旁骛，成为业务骨干、技术尖子，勇于挑重担，敢于打硬仗，但由于不愿提要求、不会讲价钱，常常被当作“螺丝钉”始终拧得紧紧的，还美其名曰“能者多劳”。相反，那些善于察言观色、溜须拍马的“聪明人”、“能耐人”，却总是事情没多干、好处没少得。老实人吃亏、投机者得利，是对老实人的不公平，也是对投机者的纵容，危害是严重的。那么，怎么扭转这一局面呢？

领导干部应更加关注老实人。古语云：“上有所好，下必甚焉。”这句话用在今天虽然不一定合适，但领导干部的价值取向对一个部门和单位的影响是很大的，在如何对待老实人的问题上也是如此。胡锦涛同志曾经指出，对那些长期在条件艰苦、工作困难的地方工作的干部要格外关注；对那些不图虚名、踏实干事的干部要多加留意；对那些埋头苦干、注重为长远发展打基础的干部不能亏待。从某种意义上说，这就是强调不能亏待老实人。这些要求应当成为各级领导干部识人用人的一个重要原则。

社会应更加崇尚老实人。老实人是吃亏还是吃香，与整个社会的价值取向有着很大关系。过去人们结交朋友，选择的是老实人；办理事情，相信的是老实人；选人用人，看重的是老实人。现在，尽管时代和环境变了，人们的思想观念和价值取向更加多样，但崇尚老实人的传统不能丢，老实依然应当是为人处世的基本准则。否则，缺乏诚信，尔虞我诈，社会秩序就会陷入混乱。所以，应当在全社会大力提倡崇尚老实人的良好风气，让老实人受肯定、受尊敬，让老实人能干事、干成事，让老实人少吃亏、不吃亏。

单位应更加重用老实人。一个单位是不是风清气正、能不能持续发展，与其怎样对待老实人紧密相连。换句话说，注重选用老实人、努力用好老实人，既是坚持原则、主持公道的需要，也是做好工作、推进事业的需要。一个单位真正重视用好老实人，才能激励人们愿意做老实人，说老实话、办老实事。需要指出的是，对老实人也应因人而异、量才而用，既不能求全责备，又不能不切实际。

当然，要让老实人不吃亏，老实人自己也得昂起头来，以实际行动证明：我老实，但我也很行。

三、政府社会：营造干事创业的良好舆论氛围

培育和践行公民敬业的职业精神，需要充分调动政府和社会各方面的力量，为广大劳动者提供可以不断增长知识、增加才干，努力成为多面手的条件和机会，从而在全社会实现劳动力、生产资源的最佳配置，真正做到人尽其才。政府和社会要形成倡导敬业的良

好舆论环境，通过培育和营造一种“劳动光荣，懒惰可耻”、“拒绝平庸，追求卓越”、“在平凡中铸就非凡”的舆论氛围，让敬业之花开遍神州大地，激励着每一个公民在平凡的岗位上书写非凡的人生篇章。

(一)“劳动光荣，懒惰可耻”

也许有人认为，敬业工作的人是辛苦的。敬业工作的确辛苦，但不敬业的人可能更为痛苦，他们的人生将在懒惰和懈怠中变得越来越空虚，越来越寂寞，越来越被动，他们的内心也会在逃避工作的过程中离快乐和充实越来越远。我们只有通过敬业奉献，才能获得精神上的满足和心灵上的安宁。正如俄国文学家契诃夫所说：我只有在工作中很久还不停歇的时候，才觉得自己精神轻快，也觉得自己找到了活着的理由。确实如此，敬业是一种积极向上的人生态度，它还是一种施与，施与社会，施与自己。就像克里斯托弗·查普曼为自己写的墓志铭所言：我从施与当中获得充实，你也会因施与而充实，因付出你所应该付出的而心安。

由此可见，敬业不仅是我们在激烈的社会竞争中得以“立命”所不可或缺的武器，还是我们“安身”的不二砝码。敬业能带给我们生活的意义，让我们感到更加充实，感受到自己存在的价值。在敬业的人看来，工作不仅能满足生存的需要，更是生活的需要。敬业工作使人振作，忘记得失，全神贯注地进入工作状态，一心一意地想把工作干好。我们都有这种体会，在工作中一旦你真心投入进去了，就会感到工作的过程其实就是一种精神享受，当事业取得一些成就时，你会感受到金钱、物质这些外在东西所无法带来的愉悦感。当我们真正认可了自己的职业，愿意为工作去拼搏、去奋斗，也就是当你是为你真正认可的目的而自觉工作的时候，金钱之类的物质报酬就只是附带的东西了，我们收获得更多的则是强烈的存在感和内心的充实。

再者，爱岗敬业、忠于职守、乐于奉献的人一般不会整天陷入无所事事、尔虞我诈、阿谀奉承的复杂关系中去，不会在日常生活中的一些事情上要小聪明、不择手段，他们只会“堂堂正正做人，老老实实干事”。

由上可知，我们在培育和践行公民的敬业核心价值观的过程中，政府和社会要大力弘扬“劳动光荣，懒惰可耻”这一简明朴素而又实实在在的公民价值观。针对当前社会上一些人身上存在的好逸恶劳、坑蒙拐骗和“等、靠、要”的啃老陋习展开舆论攻势和道德谴责，营造一种鼓励干事创业的舆论环境和社会氛围。

延伸阅读

扫帚作笔写人生
——记山东省东明县公路管理局养路工王青云

人物小传

经历：1978 年进入山东省东明县公路管理局，任 106 国道东明段刘楼道班养路工至今。

荣誉：1982 年以来多次被评为菏泽市公路系统先进工作者，2000 年以来多次被评为菏泽市公路系统“十佳养路工”，1992 年和 2003 年两次被评为菏泽市交通系统先进工作者，2006 年获得菏泽市“五一”劳动奖章。

瑟瑟寒风中，青黄色的杨树叶扑簌落下。11 月 24 日，山东省东明县公路管理局 106 国道刘楼道班养路工王青云，用他那双粗糙、布满老茧的大手，握着扫帚，像往常一样默默地清扫着他负责的 2 公里路段上的落叶。这份工作他已做了 28 年。

“做一辈子养路工”

1978 年 8 月，王青云正式成为山东省东明县公路管理局一名养路工。

当时有这么一段顺口溜："远看像要饭的，近看像卖炭的，仔细一看是公路段的。" 28 年中，他被车辆碰倒过，被大雨淋病过，因为不让羊群啃树皮被牧羊人骂过，因为阻止村民在路上偷土被人打伤过，但他从来没有动摇过"做一辈子养路工"的信念。

1987 年，单位领导希望王青云到县局机关工作。可他想到被撞坏的桥梁栏杆还没有更换好，很多事需要他办，就留了下来。1993 年，单位想让他担任某道班班长，不再从事扫路、养路的具体劳动。他却说，自己已经干顺了手，干别的恐怕不适应。

"雨声就是命令"

上班第一个月。一天夜里下起大雨，王青云没意识到要及时上路排积水，他负责的路段被冲出一道道水沟。一位老"养护"把他狠狠地骂了一顿，大家用了几天时间才把水毁路面抢修好。有了这个教训后，"雨声就是命令"，无论工作日还是节假日，无论白天还是黑夜，他都会披起雨衣往路段赶，他所养护的路段再也没有发生过被雨水冲毁的事情。

2003 年秋，东明黄河滩区遭洪水围困，大堤又出现险情，正在紧张施工中的 106 国道成了黄河抢险的"生命线"。为保证抢险车辆通行，王青云和一班养路工在风雨中一直干了 10 多个昼夜。当他完成任务，拖着肿痛的双腿回到家时，却发现自家的十几亩庄稼几乎全都烂在了地里，父亲躺在病床上，房子漏雨，地面湿得能踩出水来。

养路养出"学问"

28 年的养路生涯，让他积累了许多养路的"学问"。

在王青云养护的路段，两侧路基上镶嵌着一把把"水簸箕"，这是他的创新杰作。2004 年 106 国道东明段升级改建后，路基排水依然是个大难题。王青云尝试着就地取土，在粉沙土中加入石灰做成状如簸箕的简易泄水槽；石灰土干缩容易开裂，他就按农村用土垛围墙的办法，在石灰土中拌上麦秸秆；后来发现这样做表面不光滑，抗水流强度不够，他又琢磨着在表层石灰土中加入少量的水泥。就这样，“水簸箕”做成了，路基排水问题迎刃而解。

还有许多“学问”，比如雨后是整修路肩边坡的最好时机，从路肩上的小片积水或流水痕迹，可以判断出哪个地方是“噘嘴”路肩，哪个地方“挺腰凹肚”。

劳动者感言

对公路有了感情，就会感到路边的树木、途中的桥梁和黑色的路面都是活的，处处让人牵挂。只有把路管护好了，自己心里才踏实。

——王青云

（二）“拒绝平庸，追求卓越”

上面谈到，在培育和践行敬业的社会主义核心价值观的过程中，我们需要大力弘扬“劳动光荣，懒惰可耻”的社会舆论氛围。然而，要想每一个公民有爱岗敬业、“敢为人先，爱拼才会赢”的精神风貌，我们仅仅强调“劳动光荣，懒惰可耻”还不够。我们的政府和全社会还要培养公民有一种“拒绝平庸，追求卓越”的职业态度。

在日常的工作中，可以说没有任何一件事情，小到可以被抛弃；也没有任何一个细节，细到应该被忽略。细节决定成败，没有人能随随便便就成功。作家钱宁曾经说过：劳动可以促使人们思考。一个人不管他从事的是何种职业，他都应该恪尽职守，尽职尽责，以自己最大的努力去求得不断的进步。唯有如此，追求完美的想法才会在你的头脑中根深蒂固。确实如钱宁所说，在我们日常的工作和生活中，很多人没有成就一番事业，往往不是他不够聪明或缺少智慧，而是他缺乏勇于挑战自我的决心和“拒绝平庸，追求卓越”的气魄。而无论是缺乏挑战的勇气，还是追求卓越的气魄不足，这些都是没有敬业精神的具体表现。

在工作中，只有摒弃随大流、小富即安的平庸之心，我们才有可能把事情做到尽善尽美，才有可能创造属于自己的人生价值。我们大家都有可能处于一个普通而平凡的工作岗位，然而不同的人会有不同的职业态度和职业情感。如果缺乏一种“拒绝平庸，追求卓越”的职业精神，我们做起事来可能就会消极被动，对待工作更多的是一种糊弄，一种完成任务交差的心理，只会在工作中消磨斗志和混时间；而积极主动的人往往会静下心来，安心工作，把每一件事情、每一个环节都当成锻炼自己、摔打自己的机会，通过踏踏实实做事、认认真真做事来历练自己、提升自己，增强自己的独立思考能力和判断力，从而将本职工作做到尽善尽美，无可挑剔。

所以，我们的政府和社会要把“拒绝平庸，追求卓越”作为一种信条和基本的做人做事之道在全社会广为传播。通过主流媒体的宣传、日常生活的践行，让做事马虎、得过且过、随大流等消极被动的做事风格为大家所不屑。进而通过对爱岗敬业、乐于奉献、追求卓越的先进典型人物的比照，在全社会形成一种“拒绝平庸，止于至善”职业伦理，鼓励每一个公民不断挑战自我，超越自我，为了理想和抱负敢为人先、敢于拼搏。

相关链接

“止于至善”释义

“止于至善”出自《礼记·大学》：“大学之道，在明明德，在亲民，在止于至善。”这里的“大学”，当时是针对“小学”而言的，“小学”即礼、乐、射、御、书、数，属于“艺”的层面，称六艺，而“大学”是修身之学，使人成为道德上的完人之学，属于“道”的层面。道和艺，一为形而上，为体，为性，一为形而下，为用，为相。朱熹称“大学”为“大人之学”（《四书章句集注·大学章句》），也是恰当的，“大人”指道德完善之人。

对“止于至善”要从三个方面来理解。

第一，要明了“止于至善”本身的含义。“止于至善”，孔颖达释为“言大学之道，在止处于至善之行”（《礼记正义》）。朱熹释“止”为“必止于是而不迁”，一定要达到这个境界而不再改变，释“至善”为“事理当然之极”（《四书章句集注·大学章句》），事情的最高原则，即最高的善。王阳明释“至善”为“性”，即本性，人类的本性是纯善无恶的，“至善者，性也。性元无一毫之恶，故曰至善”（《传习录上·语录一》）。至善之性是人类的固有本性，所以“止”就是一种对本性的复归，“止之，是复其本然而已”（《传习录上·语录一》）。以上解释虽然表达有异，但基本精神是一致的，都是要通过道德修养而达到并保持人类最高的善。

第二，应该结合《大学》三纲来理解“止于至善”。“止于止善”境界如何达到？这就涉及成就完善道德的方法和阶段等问题，《大学》提出了三纲八目。首先是“三纲”：“明明德”、“亲民”、“止于至善”。“明明德”、“亲民”两纲是达到“止于至善”境界的方法，也是两个不同的阶段。“明明德”，指个人达到道德的觉悟，前一个“明”是动词，明了、达到之意，“明德”是指人们都具有的至善的道德本性，“明德”之“明”，表示纯净无染的、圆满的，是对善的描述。个人达到道德的觉悟之后，还要推己及人，帮助、教育他人，使其也成为有道德的人，这就叫“亲民”。“亲”有“亲属”、“爱”、“接近”等义，因为爱他人而想推己及人，这就是“恕”道。所以孔颖达释“亲民”为“亲爱于民”（《礼记正义》）。朱熹释“亲民”为“新民”，“新者，革其旧之谓也。言既自明其明德，又当推以及人，使之亦有以去其旧染之污也”（《四书章句集注·大学章句》）。这种解释融入了佛教的如来藏思想。王阳明不同意朱熹之释，认为如果说是“新民”，应该是“自新之民”，不需要他人的教诲而能自觉。而“亲民”则含有“教养”的含义，“犹孟子‘亲亲仁民’之谓”（《传习录上·语录一》），强调恢复“亲民”的本义。王阳明的解释比较符合《大学》的本义。《礼记》中关于大学之道的另一段话，也可以帮助我们理解“明明德”和“亲民”的意义，突出教育的作用，认为古代教育，首先是对个人的培养，必须通过九年的时间，达到大成，“九年，知类通达，强立而不反，谓之大成”（《礼记·学记》）。“知类”指掌握普遍的规律性、本质、本体；“通达”指知识运用的普遍性，触类旁通，无所障碍；“不反”指不退转，大成境界的稳固性，不会再返回到未受教育或低层教育的境地。这是“明明德”的过程。在此基础上，才能够以仁爱之心教化他人，“然后足以化民易俗，近者说服而远者怀之”（《礼记·学记》）。化导民众，使近者悦而远者来。这是讲的“亲民”之道。经过“明明德”和“亲民”两个阶段，就会达到至善的境界。

第三，应该结合八目来理解“止于至善”。八目为格、致、诚、正、修、齐、治、平。“古之欲明明德于天下者，先治其国。欲治其国者，先齐其家。欲齐其家者，先修其身。欲修其身者，先正其心。欲正其心者，先诚其意。欲诚其意者，先致其知。致知在格物。”（《礼记·大学》）这八目的核心在于修身，而基础在于格物。依朱熹的解释，格、致、诚、正作为修身的方法，属于“明明德”的内容，而“齐、治、平”作为修身的功用，是新民（“亲民”）的内容（参见《四书章句集注·大学章句》）。因此，八目是对三纲之“明德”纲和“亲民”纲的进一步说明，最后要达到的境界仍然是“止于至善”纲。

（资料来源：百度百科）

（三）“在平凡中铸就非凡”

政府和社会在培育和践行敬业的社会主义核心价值观时，一定要通过主流媒体的舆论宣传以及开展各式各样的实践体验，让每一个公民深刻认识到社会上的工作岗位没有高低之分，没有贵贱之别。每一项工作都值得我们认真去做，值得我们用心去做。只要我们每一个公民勤勤恳恳、尽职尽责，拒绝平庸、追求卓越，都会在平凡中铸就非凡。

在公民日常生活中，我们当中的很多人可能所从事的工作都只是一些具体的、琐碎的乃至有点单调乏味的事情，也许这些工作在某些人看起来过于平淡，缺乏挑战性和新鲜感。但这就是工作，这就是生活。正是由这些看似具体、琐碎乃至单调乏味的工作构成了一个个社会细胞，正是这些看似具体、琐碎乃至单调乏味的工作构成一个个政治单元，而它们恰恰是建构任何一个社会不可或缺的。因此，对于这些似乎不起眼的工作，我们必须以一种积极的态度和敬业的精神去面对，必须用心做好。切不可像社会中的一些人大事干不成，小事不愿干，最后只能终日“啃老”或者坑蒙拐骗，在悔恨中虚度年华，成为一个对国家无贡献、对社会无意义、对他人可有可无的游手好闲之辈。

延伸阅读

真心做一名纯粹教师的“逐梦人”
——记第二届“最美乡村教师”邓丽

第二届“寻找最美乡村教师”大型公益活动颁奖典礼2012年9月9日在中央电视台播出，经200多名记者寻访全国数百座山村学校而评选出的十名“最美乡村教师”在节目中悉数亮相。他们是我国农村基层教育事业的守护者和挖井人，在教育资源匮乏的偏远乡村地区用赤诚创造和坚守着农村孩子通过知识改变命运的希望。

在这十名“最美乡村教师”当中，一位身着红色连衣裙、笑声爽朗、仪态大方的年轻女老师以她开朗自信的风度格外令人印象深刻，她就是30岁的邓丽，湖北恩施土家苗族自治州鹤峰县高原小学的英语老师、副校长。2009年，她以支教生的身份回到自己鄂西南山区的家乡鹤峰县，在教育条件落后的中营乡高原小学当起了老师。

3年支教生活中，她用自己的青春活力和爱心为偏远沉闷的高原小学抹上了一层鲜活的色彩，内向害羞的孩子们逐渐变得开朗自信，越来越多的欢声笑语从沉寂单调的校园里飘出。

为了当一名“纯粹”教师她回到家乡

2008年6月，邓丽从中南民族大学毕业了，尽管高考时报了当时最热门的电子商务专业，但是直到大学毕业，她想当老师的理想并没有改变。“当老师一直是自己的理想，高中毕业时，在没人指导的情况下报了最热门的电子商务，到大学后，自己的理想随着自己的成长更加明确。”邓丽讲述道。“大学毕业的时候，已经明确了自己的方向，但是我不是师范专业的毕业生，根本无法进入教师行业，一直想当老师的我决定去培训学校当老师。”于是，邓丽在武汉的一家软件培训学校上岗了，任班主任和COT（职业导向训练）教师，月薪可以达到4 000元，在武汉这已是让人羡慕的收入。

但是，邓丽并不喜欢这样的生活。“培训学校的营利性质很强，有些学生不是很适合学习软件工程，但为了工作需要，还得说违心的话说服他们继续学习下个课程，虽然工资待遇还不错，但是我不喜欢这种感觉，只想当个简单纯粹的老师。”

2009年3月，邓丽获知了“湖北农村教师资助行动计划”，报名此计划的大学毕业生会被选派到农村乡镇中小学任教，任期3年，表现优秀的支教生可以获准考入正式教师编制。当一名“纯粹”老师的机会来了，邓丽毫不犹豫地报名回到老家鹤峰县。通过考试后，她被分到离县城最近的八峰中学。邓丽认为八峰中学的条件已经很好了，而大山里的学校更需要她，于是她找到当地教育局要求重新分配，去自然环境恶劣、生活条件艰苦、有“屋脊小学”之称的高原小学。

“我自己生在农村，长在农村，深知农村年轻教师的缺乏，觉得支教3年，就应该去条件艰苦缺老师的农村学校。”邓丽说。

从城市回到农村，邓丽的这一选择遭到了家人的反对，好不容易培养成才走出大山的孩子又回到老家，他们难以接受。倔强的邓丽为了坚持自己的选择，苦口婆心地跟家人解释过，也激烈地争吵和冷战过。即便遭受这样的阻力，邓丽也始终相信自己的选择没有错。她说："后来，我的家人看见我自己也成长了，看见我给孩子们带来了改变，看到自己这么快乐地做一件事情，他们也就慢慢地支持我了。"

（资料来源：中国青年网）

推荐阅读材料

1. 习近平. 领导干部要牢固树立正确的世界观权力观事业观. 求是理论网，2010-09-06

2.《公民道德建设实施纲要》学习读本编写组. 公民道德建设实施纲要. 北京：新华出版社，2001

3. 中共中央宣传部. 社会主义核心价值体系学习读本. 北京：学习出版社，2009

4. 中共中央组织部党员教育中心组织编写. 兴国之魂：社会主义核心价值观五讲. 北京：人民出版社，2013

5. 韩震. 社会主义核心价值观凝练研究. 北京：北京师范大学出版社，2012

后　记

党的十八大，将社会主义核心价值观概括为“富强、民主、文明、和谐；自由、平等、公正、法治；爱国、敬业、诚信、友善”。由这个表述，我们可以认为，我们党倡导的价值观是基于社会的最大公约数，而且提出来的时候也是分了层次的。“富强、民主、文明、和谐”属于国家层面的价值观，指向的是我们将要建设什么样的国家；“自由、平等、公正、法治”无疑属于社会层面的价值观，强调的是我们将要构建什么样的社会；“爱国、敬业、诚信、友善”则属于公民层面的价值观，其旨趣就在于塑造什么样的公民。

“敬业”是公民的重要价值准则，也是最基本的职业道德要求。一个人无论从事哪个行业、担任什么职务，都应该用辛勤的劳动和扎实的工作践行敬业这一朴素而崇高的美德。在培育和践行社会主义核心价值观的今天，尤其需要大力倡导敬业精神，引导人们恪尽职守，为实现全面建成小康社会的奋斗目标和中华民族伟大复兴的中国梦而不懈奋斗。

其实，“敬业”价值观作为一种朴素而崇高的美德，无论在西方还是东方，都有着悠久的历史传统。马克斯·韦伯在其名著《新教伦理与资本主义精神》中就阐释了以“天职观”为核心的新教伦理是资本主义得以在西方发生、发展的内在动因，认为天职观不但孕育了近代资本主义所要求的理性经济人，而且也为广大雇主提供了忠于信仰而为职业认认真真、兢兢业业、任劳任怨的产业工人。

“敬业”也是中华传统美德的重要元素。《礼记》中有“敬业乐群”之说，孔子也主张“敬事而信”、“执事敬”。理学集大成者、南宋理学家朱熹认为“敬业”就是“专心致志以事其业”，即用一种恭敬严肃的态度对待自己的工作，认真负责，一心一意，任劳任怨，精益求精。近代学者梁启超在《敬业与乐业》一文中，专门阐述了敬业的职业精神。他认为，“敬业”就是“凡做一件事，便忠于一件事，将全副精力集中到这事上头，一点不旁骛”。

“敬业”虽然是一种朴素而崇高的美德，一直以来也为国家和社会所极力倡导，然而，毋庸讳言，在我们的现实生活中，胡适刻画得入木三分的“差不多先生”仍有不少。这些人做事马马虎虎、敷衍塞责、不肯认真、不求准确，人生往往以悲剧收场。在一定程度上甚至可以这样说，做事不够严谨，不求精益求精、尽善尽美是一种通病，值得我们每一个人警醒和规避。

正是基于此，同时承蒙恩师韩震先生抬爱，当韩老师让我们“认领”由他主编的这套丛书的各分册时，我毫不犹豫选择了《敬业》一书。我相信，通过《敬业》一书的写作，对我自己来说既是一段难得的学术历练，更是一生都值得回味的精神洗礼。

在本书的编写过程中，我得到了韩门李晓东教授、吴玉军教授和刘翔博士的大力支持。炎炎夏日，我们共同奋战、相互砥砺，化枯燥为乐趣。此外，本书还参考和引用了学界、中央以及地方部分主流媒体的相关报道，在此表示衷心的感谢。

鉴于本人学识粗浅，加之时间紧、任务重，书中必定有不少错讹之处，敬请专家和读者朋友批评指正。

刘 丹

2014 年 12 月

于京西衙门口

图书在版编目（CIP）数据

社会主义核心价值观·关键词．敬业/韩震总主编；刘丹编著．—北京：中国人民大学出版社，2015.4
ISBN 978-7-300-21040-7

Ⅰ.①社… Ⅱ.①韩… ②刘… Ⅲ.①社会主义建设-价值论-中国 Ⅳ.①D616

中国版本图书馆 CIP 数据核字（2015）第 067691 号

社会主义核心价值观·关键词
总主编　韩　震
敬　业
刘　丹　编著
Jingye

出版发行	中国人民大学出版社		
社　　址	北京中关村大街 31 号	邮政编码	100080
电　　话	010－62511242（总编室）		010－62511770（质管部）
	010－82501766（邮购部）		010－62514148（门市部）
	010－62515195（发行公司）		010－62515275（盗版举报）
网　　址	http://www.crup.com.cn		
经　　销	新华书店		
印　　刷	天津中印联印务有限公司		
规　　格	160 mm×235 mm　16 开本	版　　次	2015 年 5 月第 1 版
印　　张	6.5 插页 1	印　　次	2021 年 11 月第 3 次印刷
字　　数	78 000	定　　价	28.00 元